JN183513

「メンター、講師、先生」になって

180日で1000万円稼ぐ方法

本木 練
ren motoki

はじめに

私は、2011年頃より情報起業家、コンサルタント、セミナー講師、として活動してきました。

そして、2014年の12月のある日、ちょっとした遊び心で「私と同じように情報起業、コンサル、セミナー講師をやってみたい人はいますか？」と、メルマガで有料の弟子募集（メンタービジネス）をしてみたところ、応募が殺到。

結果、**月間の売上が523万円（純利益で約400万円）**という自己最高額を記録してしまいました。

実は、それまでの事業の収入だけでも年商（＝ほぼ年収）1000万円に達していたのですが、**本書で推奨する「メンタービジネス」を取り入れた瞬間、粗利で500万円近くもアップしました。そして、最終的な年商が1500万円を超えてしまった**のです。

月収で考えると、約83万円だったものが、一時的にとはいえ、いきなり5倍の「月収400万円」にまで跳ね上がったのです。

さすがに税金が高くなりすぎるので経費をかき集めて調整しましたが、2014年は後

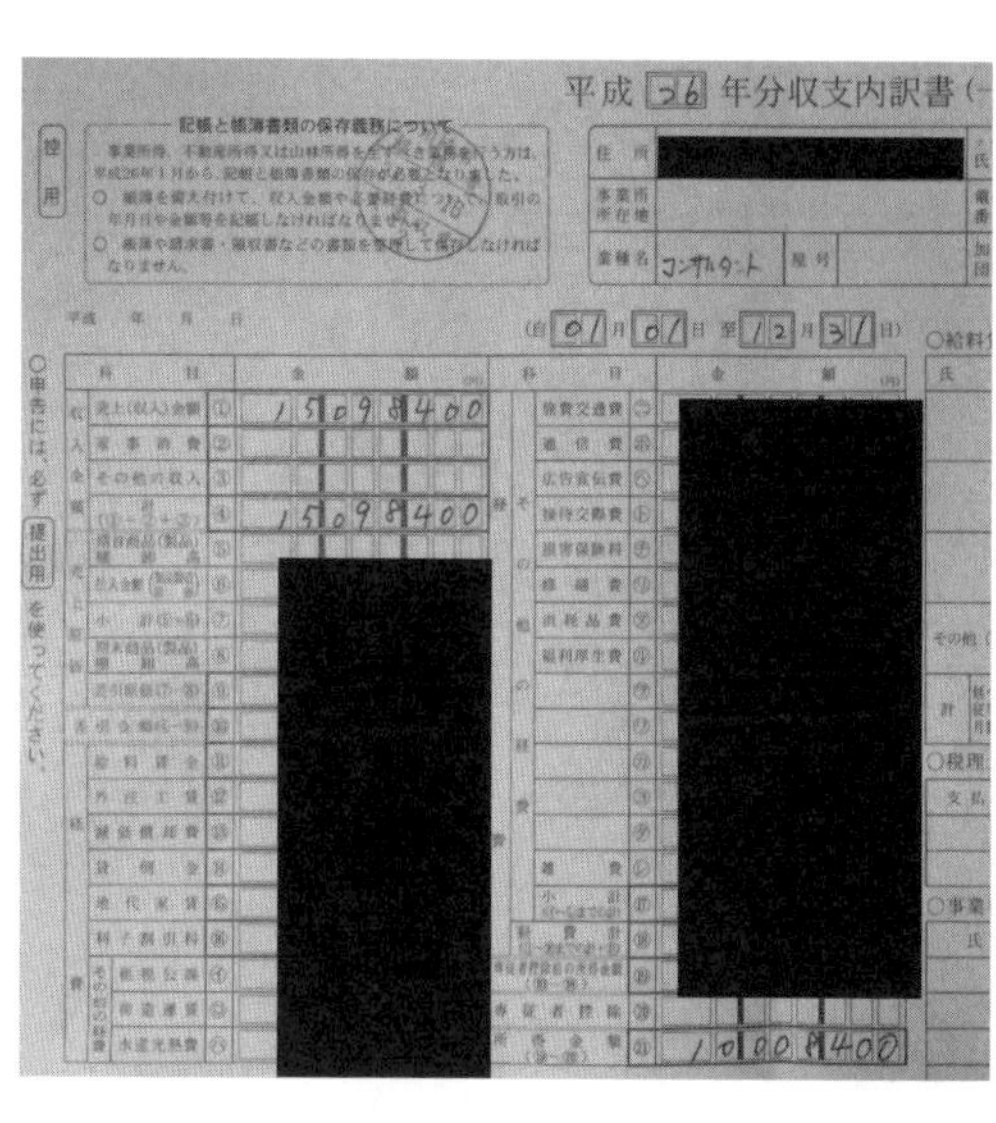

平成26年分収支内訳書

記帳と帳簿書類の保存義務について

業種名　コンサルタント

（自01月01日至12月31日）

科目		金額（円）
売上（収入）金額	①	15098400
計	④	15098400
所得金額	㉑	10000400

半の180日（半年間）だけで1000万円オーバーの稼ぎです。

このように、「メンタービジネス」は非常に利益率が良く個人事業でも高収入が得られるという特徴があるのですが、まだ他にも多くのメリットがあります。

尊敬されるので、**セルフイメージを高めながら仕事ができる**

自分自身がブランドとなるので、**長く継続的に安定して**稼げる

クライアントから感謝されるので、仕事に**やりがい**を感じられる

自分の都合でスケジュールを管理できるので、**時間的な余裕**が持てる

どこで仕事をするかも自分で決められるので、**働く場所の自由**が得られる
キャッシュポイントが多種多様なので、**仕組みを作れば権利収入的な不労所得**が得られる
逆に、短期的に大きな売上を作る等、**お金を手にするタイミングをコントロール**できる
互いに尊敬できる素敵な仲間をたくさん作ったり、または少人数制にする等、**ビジネス規模も自由**に決められる

・・・といった、単純な利益率以外の部分でも数々の素晴らしいメリットがあります。
それでいて、やるべきことが非常にシンプルなので、誰にでも出来ます。

もしあなたがゼロからのスタートだったとしても、明日から本書の通りに実践すれば、わずか180日で「高収入+さまざまな自由」を手にするメンターになっているはずです。

具体的には、本書の理解とフロントエンドの作成に30日、リスト集めに60日、リストに対するテストとバックエンド販売に60日、メンタービジネス展開に30日の計180日で完成するメソッドとしています。


あなたが会社員でも関係ありません。

「メンタービジネス」は、スケジュールの管理やビジネスをどのように進めるかの自由度

が高いからです。実際、私の弟子やまわりの成功者も会社員を続けながらの副業として、たくさんの方が実践して給料以上のお金を手にしています。

あなたが、人の少ない過疎地にお住まいだったり、時間が不規則なお仕事でも関係ありません。

「メンタービジネス」は、毎日やらなければならないものでもありませんし、取り組む時間も様々です。

例えば、1カ月先の月曜日の夜21時から2時間と決めたら、その日、その時間に、興味のある人たちが喜んで集まるような仕組みをつくればよいのです。

このように、「メンタービジネス」は、場所・時間・都合を選びません。必要なのは、あなたのやる気と行動の継続のみです。

さて、本書は、あなたがメンターになって、実際にメンタービジネスを始めるために必要なことの全てを、ステップ・バイ・ステップでわかりやすくお伝えする本です。

実際のところ、ビジネスにおいてやるべきことというのは、以下の3つだけです。

見込み客を集める（マーケティング）
商品を作る（商品開発）
売る（セールス）

メンターは、この3つについて、具体的なノウハウを自分の弟子に教えたり、ビジネスを進める上での精神的なケアをしてあげれば良いのです。

これらビジネスについての具体的なノウハウはもちろん、あなたがメンターになった際に、どうやってあなたの弟子たちとコミュニケーションを取ればよいのか、といった点についても解説していきます。

ぜひ、期待しながら読み進めてください。

本木　練

◆目次◆

第1章 なぜ今「メンタービジネス」が注目されているのか？

第4章 あなただけの金脈を見つける「コンテンツ・トレジャーハント」5ステップ

第5章 弟子や顧客を集める「最強のリスト」づくり
～「3つの必勝コンテンツ」作成術～

第6章　実例！　本木式メンタービジネスで〝おカネ〟と〝地位〟と〝幸せ〟を手に入れた方々

第1章

なぜ今「メンタービジネス」が注目されているのか?

1 「メンター」および「メンタービジネス」とは

はじめにをお読みになられて、「よし、やるぞ!」と思われたとはいえ、いきなり「あなたもメンターになれる」と言われてもピンと来ない人の方が多いと思います。

そこで、まずは本書における「メンター」「メンタービジネス」という言葉の定義を明確にしておきます。

「メンター」をわかりやすく、ウィキペディアで調べてみると、以下の通りです。

・メンター(Mentor)メンタリングする人。恩師。ギリシャ神話のメントール(Mentor)にちなむ。

「メンタリング」という言葉が出てきました。こちらも聞き覚えがない方が多いでしょうから、ウィキペディアの言葉を借りてみます。

・メンタリング（Mentoring）とは、人の育成、指導方法の一つ。指示や命令によらず、メンター（Mentor）と呼ばれる指導者が、対話による気づきと助言による被育成者たるプロテジェ（protege）ないしメンティー（Mentee）本人と、関係をむすび自発的・自律的な発達を促す方法である。

ちょっと難しいですが、ポイントは「対話による気づきと助言」によって「自発的・自律的な発達を促す」という部分です。

本書における「メンター」とは、「メンティー（＝あなたのお弟子さん）に対して、指示や命令によらない対話（口頭）ベースでのコンサルティングやコーチング、カウンセリング等を行なって、**弟子のコンテンツビジネス、コンサル業、セミナー講師業のビジネス的な成長を手助けしてあげる人**」と位置づけます。

そして、本書で最終的に行なう「メンタービジネス」とは、コンテンツビジネス（本の出版を含む情報起業全般）やコンサルタント、セミナー講師などの「先生」と呼ばれる種類のビジネス経験を元に「情報起業家やコンサルタント、セミナー講師を育成することができる人」、つまり「先生を育てる先生業」とします。

わかりやすくいうと、あなたがまず教師になって、生徒に勉強を教えて、その生徒を教師にすることまでが目標です。

ということは、もしあなたがこれまでに先生業を一切やったことがなければ、まずは「メンタービジネス」の先生として教壇に立つために、以下の3つのうちいずれかの勉強をして、お金を頂く事業として始める必要があります。

・コンテンツビジネス（情報起業をはじめとしたインターネットビジネス、有料の会員制ビジネス、DVD制作や本の出版など）＝一人や仲間内でコツコツが得意なタイプ
・コンサルタント業、コーチング業、人材育成業、など＝マンツーマンでじっくり人にものを教えるのが得意なタイプ
・セミナーなどの講師業、有料の勉強会主宰、○○教室の先生など＝話が好きで、人を集めることが得意なタイプ。

まずは、すぐにできそうなことだけで構いません。稼ぐ金額も1万円からで十分です。

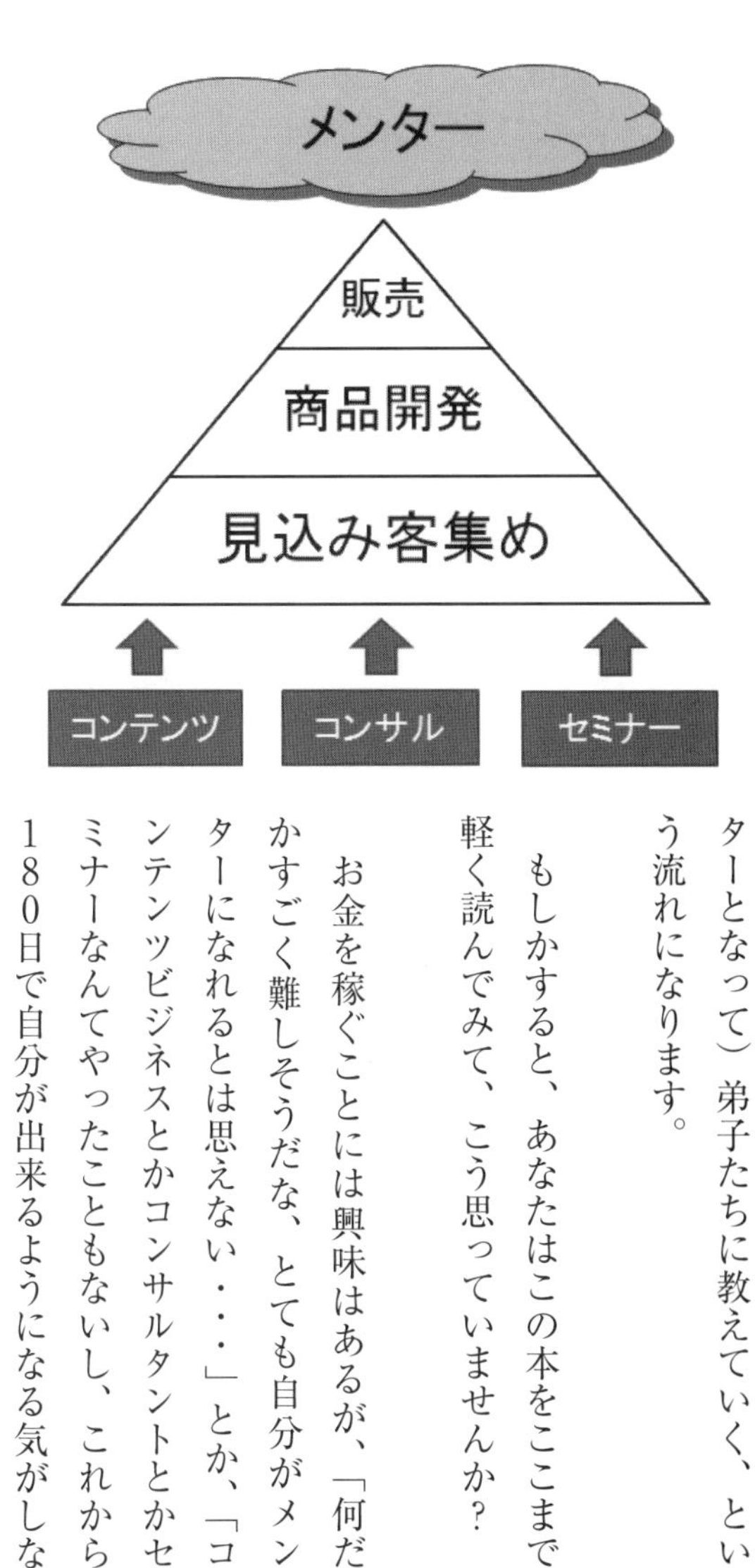

その小さな成功が非常に大切です。

そして、その小さな成功を（あなたがメンターとなって）弟子たちに教えていく、という流れになります。

もしかすると、あなたはこの本をここまで軽く読んでみて、こう思っていませんか？

お金を稼ぐことには興味はあるが、「何だかすごく難しそうだな、とても自分がメンターになれるとは思えない・・・」とか、「コンテンツビジネスとかコンサルタントとかセミナーなんてやったこともないし、これから180日で自分が出来るようになる気がしない・・・」など。

でも、大丈夫です。**義務教育を終えている**

大人なら誰もが素質を持っています。

もし、あなたが今までに、**文章を書いたことがあったり、言葉を発して会話をした経験**があれば、コンテンツビジネスを行なうことができます。

もし、あなたが今までに、**誰かの相談に乗ってあげたような経験**があれば、コンサルタントになることができます。

もし、あなたが今までに、**誰かに道案内をしてあげたような経験**があれば、セミナー講師になることができます。

おそらく、この本をここまで読めて理解できている人であれば、ほぼ全員が右の三つ全てに当てはまるでしょう（笑）。

日本の義務教育は優秀で、中学校卒業までには生きていくために必要なことを教えてくれます。勉強が苦手だった人も大丈夫。「メンタービジネス」には、高校や大学レベルの数式や歴史の知識なんて不要です。

要するに、やる気がある人なら、誰でもメンターになれるということです。

「でも起業ってなにするんだろう」とか「お金稼ぎなんて仕事やバイトしかしたことがない」と思う方も多いでしょう。

それは単純に、あなたが今まで右に挙げたような「経験をお金に変える仕組み」を知らなかったか、知ってはいても、それを実現する「具体的な方法」を知らなかっただけなのです。

また、「自分の得意分野はマニアック過ぎないか?」とか「いったい誰に対して先生をすれば・・・友達なくしたくないし」と、そのビジネス対象に不安を持たれた方もいるでしょう。

実はこれも意外と簡単です。いま、日本全国では様々な分野に対して、大きな需要が生まれているのです。

2 超多数、多趣味な団塊ジュニア世代が、自由にお金を使える今がチャンス!

次ページの図は、総務省統計局のホームページに掲載されている「世代別の人口統計」

です。この図から、昭和46年～49年生まれの世代（1971年～1974年生まれの2015年時点で41才～46才の人）の人口割合が突出していることが分かります。

この、いわゆる「団塊ジュニア」と呼ばれる世代の人たちは、会社である程度のポジションになってお金の余裕が増えてきたり、子育てがひと段落して時間の余裕がでてきた、という人が多い世代になります。

また、この世代の人たちの年齢的な特徴として、そろそろ「生き方」について考え始めます。

まさにファミコン、JUNP世代の彼らは、これまでの（おじさん）サラリーマンとは価値観が違います。サラリーマンなら「マイホームが一番のステイタス」は前時代的思考になり、**価値観はそれぞれ、自分の趣味に思い切りお金を使います。**

また、実益を兼ねた副業に興味を持って、自分の人生経験を活かしてコーチングやコンサルタント、カウンセラーといった**先生業で活躍したいと考える人が多くなります。**

なにより、彼らは受験競争の最中、中学校、高校に通い、さらに塾や予備校で、藁にもすがる思いで先生に教えをもらってきた世代です。先生は絶対の存在でした。

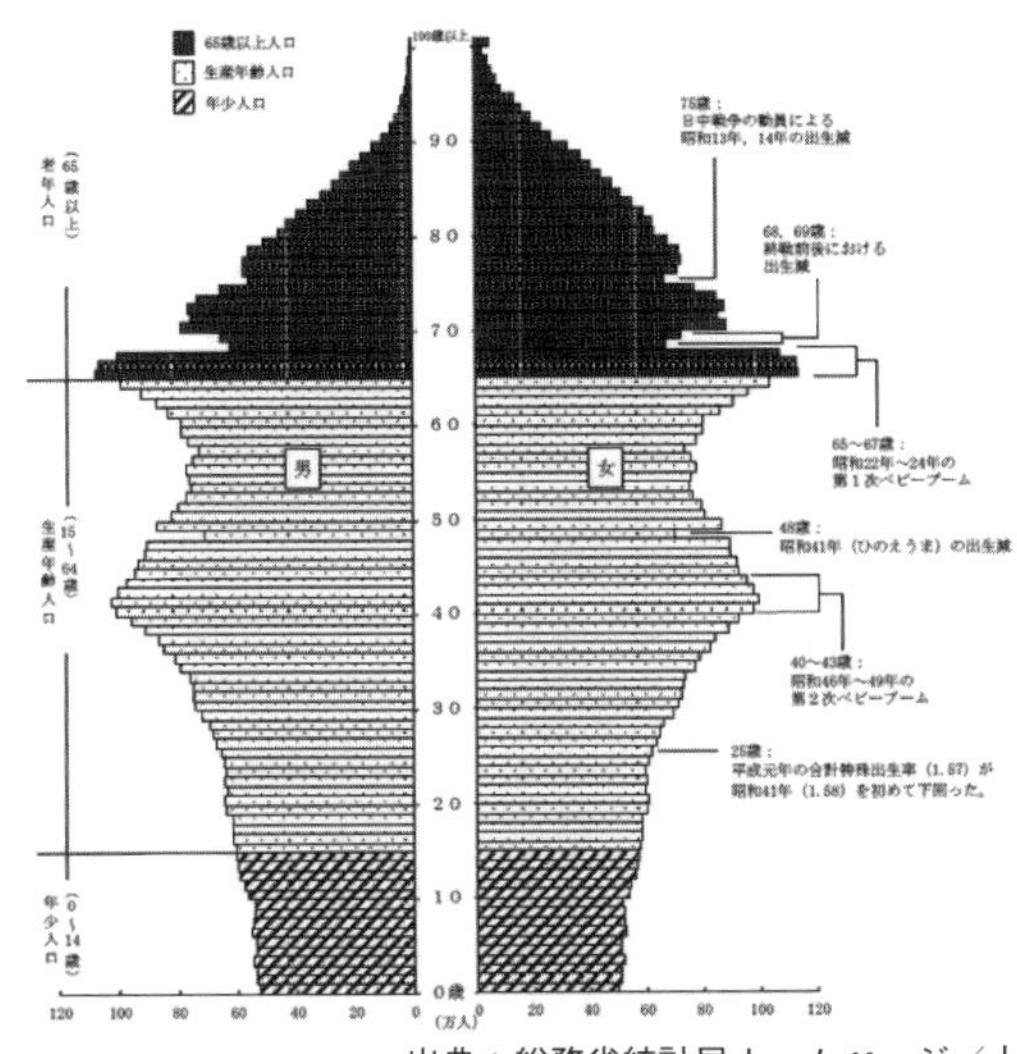

出典：総務省統計局ホームページ／人口推計
http://www.stat.go.jp/data/jinsui/2013np/

何が言いたいかというと、団塊ジュニア世代の人々は、まさに「メンタービジネス」のお客さん（弟子）にふさわしいということです。

マーケットも巨大で、先生業に理解があり、多趣味で、お金にも余裕がある・・・この世代にターゲットを絞れ、ということです。

もし、あなたがこの団塊ジュニア世代であれば、同世代の人々が置かれている状況や心理状態がよく理解できるので、メンターになる上で大変有利になります。

仮に、あなたがこの世代から外れていたとしても、その世代ギャップを生かしたノウハウは貴重になるので、あなたのメンタービジネスは必要とされます。

つまり、今は時代背景として各種の先生ビジネスが成立しやすく、その先生ビジネスを行なう人を顧客（弟子）とするメンタービジネスは、今が最高のチャンスと言えるのです。

3 お客さんが「超初心者」なので、「初心者」でもメンターになれる

さきほど、「団塊ジュニア世代をメインの顧客（弟子）ターゲットにすると良い」とお伝えしました。

しかし、あなたが団塊ジュニア世代よりも若い世代だった場合には、「自分よりも年上の人を自分の弟子にするなんて、心理的に抵抗がある」と感じられるかもしれません。

その点についても心配はいりません。本書におけるメンターとは、自分という個人をブランディングしながらリストマーケティングを行なう「その分野のビジネスの先輩」として、「その分野では素人」の弟子に山登りの道案内をしてあげるに過ぎないからです（リストマーケティングについては、後の章で詳しく解説します）。

目上の方への敬意としては、言葉遣いに気を付けます。実際、私自身も自分より年上の弟子が沢山いますので、相手の年齢に関係なく全員に敬語を使うようにしています。言葉

遣いは丁寧ですが、言うべきことはビシッと、時に厳しくビジネスを教えています。

例えば、こんな風に考えてみて下さい。あなたがどこかの山の登山ルートに精通していて、その山を初めて訪れた人に「ここから一番近い山小屋は何処でしょうか？」と尋ねられたとします。この時、あなたはその人よりも情報という点において、一時的に立場が上になります。

そこに人としての優劣などありません。単にあなたが「ガイドとしての役割を果たすことができる」というだけです。そして、その情報を提供する対価として、お金を受け取っても何ら問題はないわけです。

メンターも、この「ガイド」と同じです。どんな受け答え方・教え方をするかは人間性が関わってくるかもしれませんが、基本的に、**本書におけるメンターと弟子の関係は、人間性の優劣や人としての上下関係とは別問題**なのです。

また、一般的な会社組織内での上司部下のような指示命令系統とも異なりますので、人間関係としては、あくまでも対等となります。

もう一つ、これからメンタービジネスに取り組んでみようか？　と悩んでいる人から寄せられる質問で多いのが、「私には他人様からお金をもらって教えられるような、特別なスキルや経験がありません」というものです。

これも自分ではなかなか気づかないだけで、誰にでも備わっていることなので心配いりません。要は考え方次第です。

「自動車の運転技術を教えることで収入を得る」といった、教習所の教官と生徒のケースで考えると分かりやすいので、その例で説明します。

一般的に自動車の運転免許を取得する場合、教習所に通ったり、合宿などの教習スクールに通うことが多くなります。

この時、教習所や合宿所で運転を教えている教官は、プロのレーシングドライバーでもなければ、特別に運転技術に優れた人というわけでもありません。単に、これまで一度も車を運転したことの無い人に教えられる程度の、最低限の自動車に関する知識と運転技術を持っているだけです。

つまり、教習所や合宿所の教官は「顧客ターゲットを超初心者に絞る」ということでビジネスが成立しているわけです。

要するに、あなたのスキルや経験に対して「お金を払うかどうか」を決めるのは、あくまでもお客さん側の判断です。

「あなたにお金を払いたい」というお客さんを見つける努力と、あなた自身のスキルや経験を高める努力とは、まったく別の話だということです。

もちろん、自分のビジネススキルや経験を高めたいという気概は素晴らしいものなので、そのような自己研鑽はぜひ続けて欲しいと思います。

ただ、現実問題として、もし仮にあなたが何かの分野で初心者であったとしても、あなたより「もっと初心者の超初心者」は必ずいます。

このように、メンタービジネスを行なうに当たっては「自分よりスキルや経験に劣る人」を探すことがポイントとなります。

あなたにとっては「ごく普通」のスキルが、他の誰かにとっては「お金を払ってでも教わりたい技術」として密かに憧れられていた、ということがよくあります。

注意したいのは、「自分はもっと上を目指さなければいけない」というあなたの「向上心」そのものが、「今の私が誰かのメンターになることなど・・・」「お金を貰うなんてとても・・・」という心のブレーキになってしまうことです。

向上心という、一見素晴らしい価値観が「ある種の思考停止状態」を引き起こさないように気を付けてください。

「メンタービジネス」は圧倒的な主導権でビジネスを進められる

なぜ、初めからメンターを目指すのか？

この理由として、最も大きいものは「メンターという立場だと圧倒的な主導権が握れる」という事実です。


メンターになると、サービスなどの商品内容や料金設定はもとより、スケジュール管理、ある仕事を受けるか受けないか、といったビジネスにおける多くの場面で決定権が持てます。

日常に置きかえて考えてみてください。あなたの職場であなただけにこのルールが許されるとしたら、あなたは成績や売上を一気に上昇させられるでしょう・・・それも楽々と、短期間に。これは一般的なビジネス概念ではありえません。

もちろん、顧客となる弟子や生徒さんの都合、ビジネスパートナーや取り引き相手の都合などもありますので、一から十まで全てを自分の思い通りに、こちらの都合を押し通せるなんていうことはありません。

しかし、本書でこれからお話するリストマーケティングのノウハウや各種のテクニックを駆使すれば、「こちらの都合に合った顧客や取引先だけを選んでいく」ということが可能になります。これは本当に快適で、素晴らしいことです。

そのような「付き合う相手を選ぶ」という姿勢、そしてそれを実現していく手法は「先生業」と、その先の「メンタービジネス」と非常によく馴染みます。時間や働く場所の自由、そして人間関係の自由を得られて、かつ、自分自身のブランディングにもつながります。

ぜひ、「私はいずれ誰かのメンターになるんだ」「自分はメンターになりつつある人間なのだ」という風に、まずはセルフイメージを変えてください。

たったそれだけのことでも、あなたの内側から自信が滲み出てくるようになります。そして、ビジネス面にとどまらず、様々な人間関係の面で主導権が握れるようになるはずです。

5 感謝されるのでモチベーションも上がる

メンタービジネスの土台となる「先生業」の始め方のコツとして、「なるべく他にそれを教えてくれる先生がいない分野・ニッチ（マニアック）な分野を選ぶ」ということがあります（詳しくは後述）。

これは、マーケティングの手法でもありますが、その結果として「顧客から非常に感謝されやすい」という特典がついてきます。

例えば、ほとんど未開拓な「教科書的ノウハウ一択」の分野なら、あまりひねりのないテクニックでも「ノーベル賞級の貴重なノウハウ」になりえます。

また、他にその分野を教えてくれる先生があなた以外に少なければ、当然のこととしてあなたは生徒さんから「とても貴重な存在」と見なされます。

あなたに何かのスキルがあるのは、その分野に対してあなた自身何らかの興味や情熱を持ちやすい（もしくは既に持っている）から、ということが多いはずです。

そして、あなたは「自分が今よりも未熟だった頃に抱えていた問題点や課題」についてもよく知っているはずなので、生徒さんが抱える悩みや不安を理解してあげられることが多くなります。

つまり、**先生であるあなたと、生徒であるお客さんとの間で「価値観の共有」＝「共感」が生まれやすい**のです。

生徒さんからすれば、先生であるあなたという存在は、単にスキル（技能）を教えてくれるというだけでなく、「他の人ではなかなか理解してもらえない悩みを理解してくれるカウンセラー」「心理的な不安を解消してくれるメンター」という風に、精神面での支えにもなります。

このようにメンタービジネスは「人から感謝される仕事」という面でもやりがいがあり、他の仕事ではなかなか味わえない充足感が得られます。

6 「モノ」より「コト」を求める時代だから

今、ヒット企画やヒット商品には、必ずといっていいほど「コト」が付帯する時代です。

以前ニュースで紹介されていた事例ですが、ある模型店（プラモデル店）では単純にプラモデルを販売するだけでなく、購入したプラモデルの組み立て作業をその場でできる「アトリエ」を併設したことで、売上が通常の模型店の何倍にも上っているそうです。

店内にはプラモデル作りの「マスター」が常駐し、プラモデル作りの疑問に気軽に答えてくれたり、プラモデルの組み立てや、塗装、撮影などが心おきなく楽しめる空間が提供されているわけです。

また、そのアトリエは同好の士が集まるコミュニティとしても機能していて、かつては街の模型屋さんに存在した「プラモデルを通した交流」が行なわれているそうです。

つまり、単純にプラモデルという商品＝「モノ」を売るのではなく、プラモデル作りという体験＝「コト」を売ることで、結果として商品の売上げも多くなっているわけです。

もっと有名なところでは、ｉＰｈｏｎｅやｉｐａｄのアップル社のように、単純に「モノ」を売り出すのではなく、モノを通じたライフスタイル＝「コト」を提案することで圧倒的なシェアを実現している事例があります。このような例は他にもたくさん思い当たることでしょう。

これだけモノに溢れた時代になってくると、単に良い製品というだけでは簡単に売れない時代であるとも言えます。

逆に、経験や体験などの「コト」が求められる傾向にあります。

その点、先生業やメンタービジネスは、あなたの経験やスキルといった「コト」を提供するのが主な仕事なので、「モノ」より「コト」を求める今の時代において断然有利といえるでしょう。

しかも、「モノ」に比べ、「コト」はコストがかからず、アイデア次第で短期間で様々なバリエーション（商品）を生むことが出来ます。

7 少額のビジネスだと心理的ハードルが低いので始めやすい

これから副業をスタートされる方、起業される方の場合、「いきなり大金を狙うよりも、少額ビジネスの方が、心理的ハードルが低いので始めやすい」という意見があるかと思います。

本書でお伝えする「メンタービジネス」は、その点でも優位です。なぜなら、何か大きな仕事だけを行なうのではなく、コンテンツビジネスや、コンサルタント業や、セミナー講師業といった**「複数の収入源」を獲得していくプロセス**になっているからです。

そして、それぞれの金額設定も、自分の自信や経験の多寡によって、自分で自由に設定できます。

なにしろ「自分の強みを活かし、自らの手で構築していくビジネスモデル」ですから、何かに依存しない分「失敗しづらい」という特長があります。

さらに、外注費や広告費をかけなくてもある程度進められるので、初期費用もあまりかかりません。

料金設定の自由度は、収入への夢も膨らみます。

後ほど詳しくご説明しますが、例えば、セミナーやコンサルで「テスト販売なので今回は1000円で」と始めて、人気や力がついてきた時点で「今後は3000円、5000円になります」と徐々に単価を上げることが出来ます。その分あなたの収入は3倍、5倍とどんどん上昇していくことになります。

さらに、メンタービジネスの特徴として、**公務員などの副業が禁止されている人でも問題なく準備が進められる**、という大きなメリットがあります。

副業が禁止されている人の場合、心理的な抵抗感うんぬん以前の問題として、「収入の発生するビジネスを行なうことができない」という制約があります。

ところが、リストマーケティングの概念の上に成り立つメンタービジネスなら、この問題も難なくクリアできてしまいます。

例えば、趣味の分野などで、無料プレゼントを配布するといったフロントエンド活動をする限りにおいて、この時点では1円も収益が発生しないので副業にはあたりません。それでいて、見込み客リストの構築は着々と進められるので、「水面下で後に自分のタイミングで現金化できる資産を育てられる」というわけです。

つまり、自分が副業を行なうことができない間は、ボランティアとして無償でコンサルやセミナーなどの指導を行なったり、後進の「先生」(自分の弟子)たちにビジネスの収入が得られるようにしてあげます。そして、自分が定年退職等でビジネスが可能になったら、そこで初めて有料での提供に切り替えていくのです。

このようにすることで副業禁止の問題をクリアでき、さらに弟子「先生」たちからの尊敬や、孫弟子達へのブランディングも構築できるというわけです。

一般論的に考えても、与えるものは与えられるという返報性の法則があり、「先に与えた価値が大きければ大きいほど、また、与える期間が長くなればなるほど、そのぶん利子がついて大きなリターンとなって返ってくる」と言われています。

このように考えてみると、あなたが長期的な視点を持ってメンタービジネスに取り組んだならば、それは「いつ破綻するか分からない年金よりも、ずっと現実的な資産を育てている」と言っても過言ではありません。

8 短時間で「日給20万円の大先生」のブランドも作れる

おそらく、いまこの本を読んでいる人の中で、すでに「お金をもらって自分のコンテンツを販売したこともあるし、コンサル業務をやったこともあるし、セミナー講師をやったこともある」という人は、かなり少ないと思います。

そして、もし仮にセミナー講師としてお金を稼いだ経験が一度もなければ、「私は1日で20万円を稼ぐセミナー講師です」という人を目の前にした時、あなたはきっと「すごい人だなぁ」と感じるのではないでしょうか。

実をいうと、フロントエンドやバックエンドの概念をしっかりと理解した上でセミナーを企画すれば、1日で20万円程度の売り上げ（＝ほぼ利益）を作ることは、さほど難しくありません。

運もありますが、最初のセミナーから「日給20万円の大先生」になり、そのブランド（称号）を得ることも可能です。

ですが、本書ではいきなり高い目標を設定する方法は推奨しません。

なぜなら、「よし私も日給20万円のセミナー講師になろう」と、最初から「大きな結果」を求めすぎてしまうと、その目標自体がプレッシャーとなって、最初の一歩が踏み出せない・・・というケースが多々あるからです。

とはいえ、逆に「単なる練習目的の無料セミナーを実施するのは、張り合いがなさすぎてモチベーションが上がらない」という人が多いのも事実です。

その点、リストマーケティングを駆使するメンタービジネスにおいては、そんな無駄はありません。

なぜなら、後でご紹介する「フロントエンド」として無料セミナーを企画すれば、**「どんなに最悪でもセミナーの開催経験が増やせるし、上手くいった場合はバックエンドで20万円（あるいはそれ以上）の収入が発生する」という形にセミナーを組み立てられるからです。**

つまり「まずは無料のセミナーを3人の前でやってみる」といった小さな成功体験で自信をつけていき、かつ、「上手く行った時のリターンは最大限になる」という風に設計するのです。

このように、いわばノーリスク・ハイリターンな「メンタービジネス」を本書で学んでもらいたいと思います。

9「自分中心のスケジュール」「遠隔地対応」が可能なため多忙な職種でも問題なし

前述しましたが、「メンタービジネス」は、簡単に言ってしまうと「自分より何かのスキルの面においてレベルの低い人たちを集めて、圧倒的優位な立場で、対価のお金をいただきながら物事を教えること」になります。

ですから、スケジュールの管理もかなり自分の都合を優先することができます。
それに加えて、コンテンツビジネス、コンサル業、セミナー講師業という風に、テーマ自体が複数あり、そのテーマも、それぞれをさらに細分化して実行、販売出来ます。
そのため「自分の細切れの時間に合わせる形でどの仕事を入れるか決められる」といった自由度の高さがあります。

また、多忙なため、なかなかセミナーやコンサルの時間が取れないという方もいます。

しかし、これもメンタービジネスなら克服可能です。
というのも、現在では対面するリアルな場だけでなく、インターネットを活用すること
が多くなっているからです。
具体的には、みなさんもご存知のスカイプでモニター画面を通じての遠隔地同士のコン
サルや、ＹｏｕＴｕｂｅ動画でのセミナー風景配信（視聴）などです。
実際のところ、与える側（メンター）だけでなく受ける側（弟子）も多忙なため、イン
ターネットを介したサービスへのニーズが高まっています。そのため、今ではスカイプや
ＹｏｕＴｕｂｅ動画が業務の中心となってきています。

このように、時間や場所を選ばないやり方でビジネスができます。副業であれば、自分
の空き時間に合わせてスケジュール管理をすれば良いわけですし、起業して専業のメンター
になれば「優先してやりたいことを白紙のカレンダーにまず書き込んでから、余った余白
にやらなければいけないことを埋め込んでいく」ようにすると良いです。
つまり、ライフスタイルそのものを自分で思うままにデザインできるのです。
なお、スケジュール管理は「類似する作業をまとめて近い場所にブロック単位で配置す

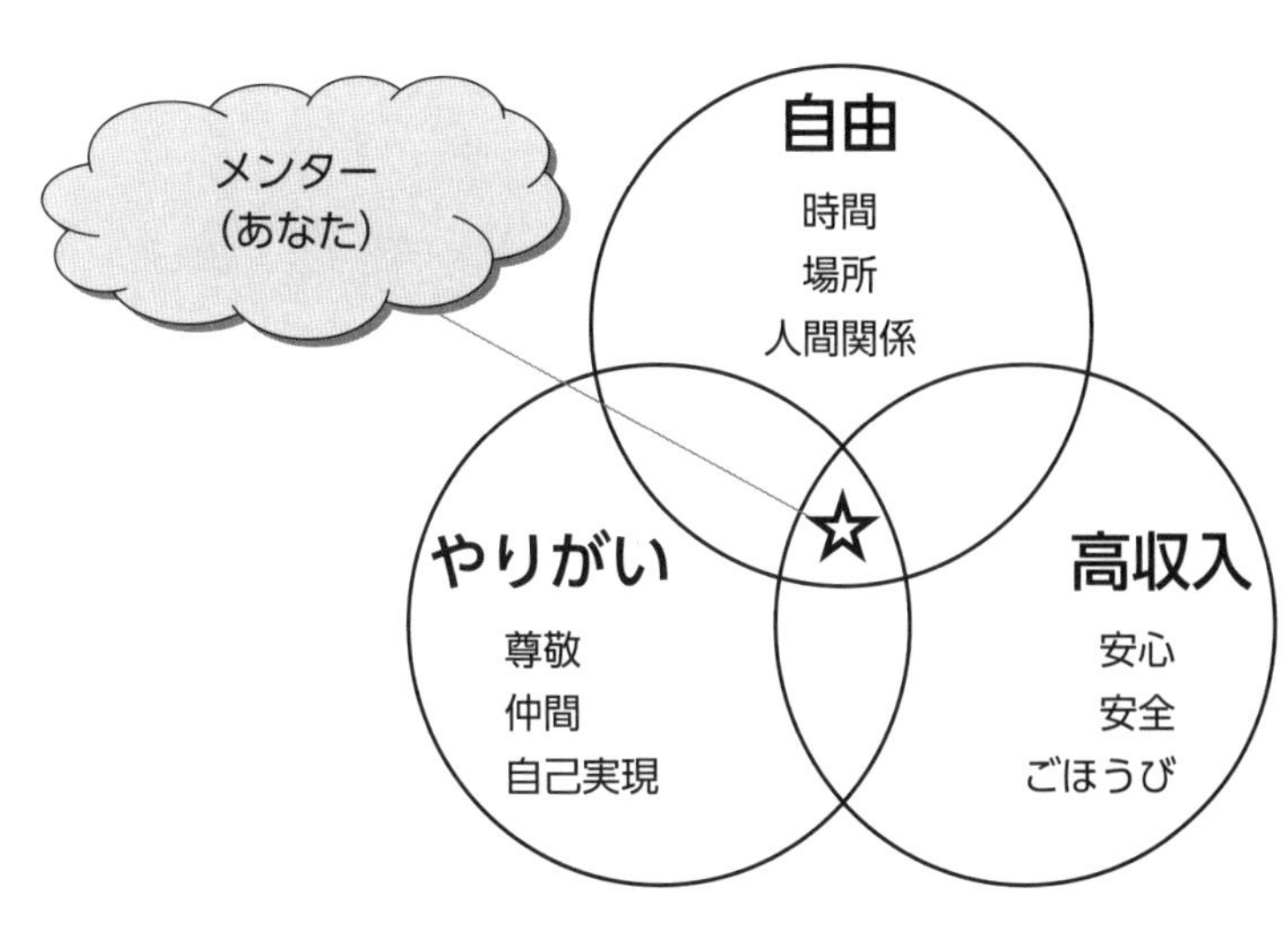

る」ようにするとさらに効率が上がります。

例えば、スカイプによるコンサルを行なうのであれば、AさんのコンサルとBさんのコンサルを同じ日の並びの時間に配置するようにします。

そして、コンテンツの作成作業であれば、月曜日にA案件とB案件の台本作成を行ない、火曜日にA案件とB案件のビデオ撮影を行なう、という風に、なるべく似た作業をまとめます。

こうすることで少しずつ作業を進められ、準備にかかる手間も一度で済むので時間の節約になります。また、頭の作業モードが一定のため集中力が持続しやすくなります。その結果、時間を短縮しつつも仕事の質が上がるようになります。

なお、アイデア出しや原稿作成のような作業なら、行き帰りの電車やお昼休み、帰りにちょっとカフェに寄って・・・と、わざわざ机の前に座らなくとも可能です。

やや余談になりますが、専業でメンタービジネスをされている方でも、「考え事は電車のホームかオープンカフェで」といった方もいます。いつもとは違った場所だと、違った視点で物事を考えられるようになって、思わぬところから新しいアイデアや問題解決のヒントが見つかったりするからです。

10 謙遜する気持ちを捨てて単価を上げることができる

前述しましたが、自分の自信や経験が少ないときには「価格を少額にして心理的なハードルを下げる」ということが可能です。逆に「自分の成長に合わせて価格を上げる」「価格を上げることで、自らを追い込む」ということも可能です。

ところが、日本人には美徳、謙遜という文化が根深いので、私の知る限りでは「自分で提供する商品やサービスの価格」、すなわち「自分の値段」をかなり低めに設定する人が多いです。

これは、言い換えれば「安売り」とも言えます。「メンター」「先生」と呼ばれる方が安売りしてはいけません。

例えば、あなたなら、「授業料が1000円の先生」と、「授業料が10万円の先生」の場合では、どちらがその先生の教えに対して真剣になれるでしょうか？

「投資は覚悟に比例する」という言葉もある通り、価格設定によって学ぶ側の本気度が変わってきます。

つまり、「1000円の知識（商品）」と「10万円の知識（商品）」とでは、その覚悟や心意気が全く違うものとなります。そして「本気にならなかった為に何も身につかなかった」とすれば、例え1000円であっても捨てたのと同じですし、「本気になれたが故に自分の夢を叶えられた」とすれば、10万円でも決して高くありません。

このように、必ずしも教わる側にとっても安ければ良い、というわけではないのです。謙遜は大事ですが、適正価格で自分や商品を出すことも必要になります。

とはいえ「でも自分の価値って（いま）いくらなんだろう？」と悩まれるかと思います。

そこで、適正価格を知る方法として（何か商品やサービスを販売した時に）**「どれくらいの期間で完売するかをチェックする」**という方法をメンタービジネスでは行なっていきます。

例えば、単純に、あるセミナーや商品を販売した時に、発売初日で完売してしまうようであれば価格設定が低すぎであり、いつまで経っても完売しない場合は価格が高すぎである、という風に判断するのです。

具体的なノウハウは後述しますが、様々なテストを繰り返すメンタービジネスでは、いまの自分の成長を正確に測ることができるので、励みになり楽しみながら進めることができます。

なお「自分の成長に合わせて価格を上げる」ことのもう一つの意味として、「ビジネスへの投資も、自分の成長に合わせて価格を上げられる」というものがあります。

収入が上がれば、今まで躊躇していた「コト」や「モノ」に対しての足かせがはずれ、新しい世界が開けてきます。高ければ良いということではありませんが、「1000円の知識(商品)」と「10万円の知識(商品)」とでは、やはり得るものや世界観が大きく違います。

こういったモチベーションの部分は、文章や口頭では言い表せませんので、ぜひメンタービジネスで成功していただき、その差を体感していただきたいと思います。

次の2章では、どうやってあなたのアイデアを商品に変えていくか？　実践を交えて解説していきます。

コラム

著者が行なう10の「コンサル・セミナー」商品紹介

1章で、「自分の強みを活かした商品作成」をたびたび勧めましたが、具体的なイメージがわかない方もいらっしゃるかと思います。

コンサルやセミナーといった商品は、本書のような書籍やDVD等と違って、「モノ」としての形を持たない商品です。身近な例ですと、銀行のローンパックや生命保険のパックなどをイメージして頂ければわかりやすいかと思います。

では、「メンタービジネス」の場合はどうなるか？　私が現在販売しているコンサル商品、セミナー商品を紹介しながらご説明していきます。

○コンサル商品

コミュニケーション能力開発コンサル

コミュニケーションビジネス開業コンサル

コンテンツビジネス開業コンサル

セミナー講師育成コンサル

セミナービジネス支援コンサル

○セミナー商品

コンテンツ作成セミナー

コンテンツビジネス開業セミナー

コンサルビジネス開業セミナー

セミナー講師育成セミナー

セミナービジネス成功セミナー

コンサル内容やセミナー名称は、その時々に応じて変わることがありますが、概ね右の通りです。おそらく、これらをパッと見て「何だか、同じネタの使い回しみたいだなぁ　どこが違うの？」と感じられた人もいると思います。実はその通りで、**内容はそれほど大きく変わりません。**

また別の章でも解説しますが、一つのコンテンツを見つけたら、それを「金脈化」して売上や利益を何倍にも増やして

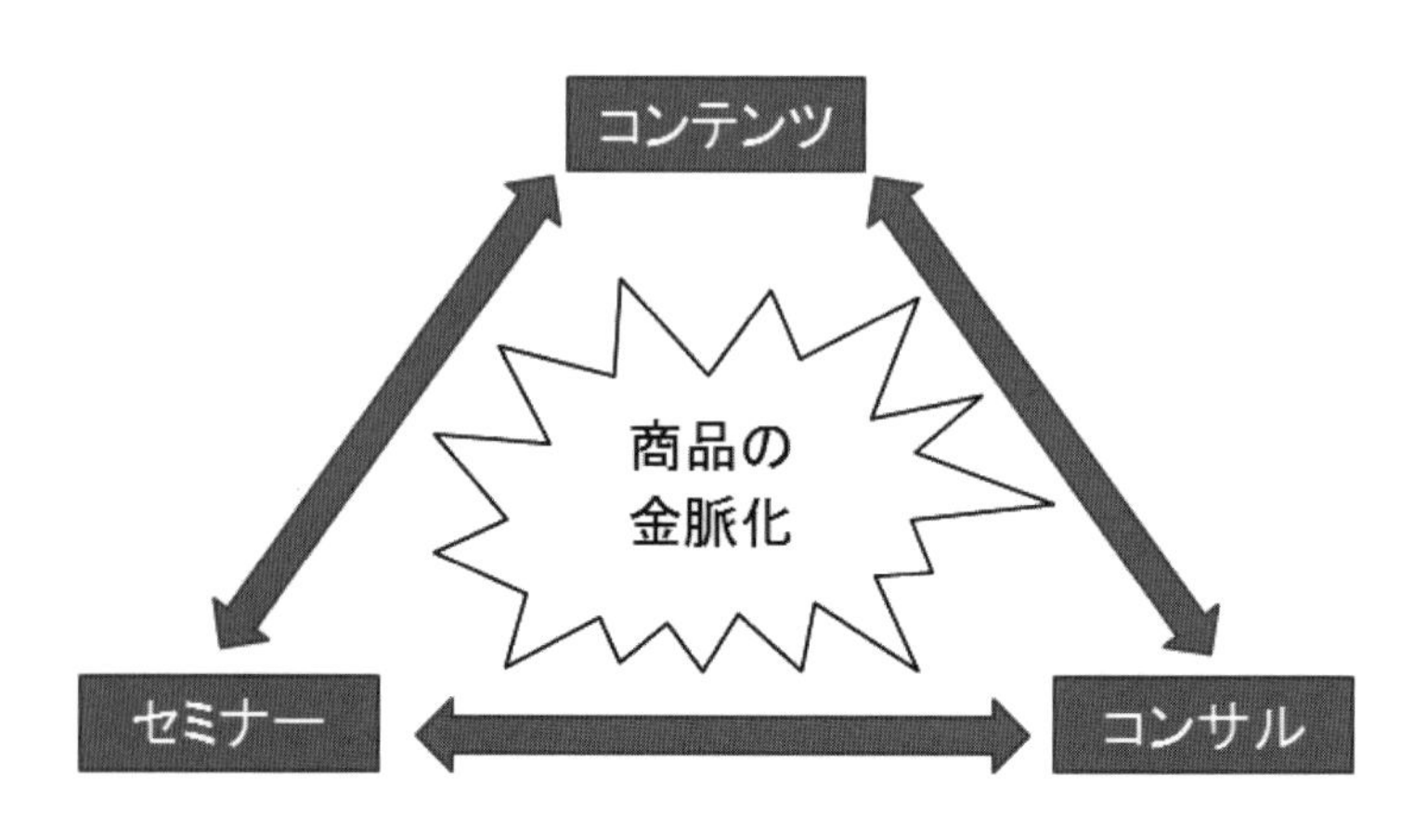

いきます。

それでは、また私の商品でご説明します。

コミュニケーション能力開発コンサル

これは主に飛込み営業などの、対面コミュニケーション能力全般に関するコンサル商品です。ひとくちに「飛込み営業」といっても、「アプローチの場面」「正式なアポ取りの場面」「次回アポ取りの場面」「上司などのクローザーと面談させるためのアポ取り場面」「クロージングの場面」といったいくつかの細かい項目に分けることができ、その項目一つ一つをコンサル商品として販売しています。

コミュニケーションビジネス開業コンサル

これは、コンサルタント、コーチング、カウンセリング等の「対面コミュニケーションを行なうことで報酬が得られるビジネス全般の開業方法」をコンサルする商品です。つまり、右記の『コミュニケーション能力開発コンサル』で私がどのように稼いでいるのかをコンサルで教えてあげる商品です。

コンテンツビジネス開業コンサル

その名の通りコンテンツビジネスで収益を上げる方法を教えるコンサルです。実のところ、本書で解説しているマーケティングの知識を口頭で教えてあげているようなものなので、あなたも本書を読み終わった瞬間から、このコンサル商品を販売することができます。

セミナー講師育成コンサル

その名の通り、セミナーで収益を上げることができるセミナー講師を育成するコンサルです。私の場合は「先生業」「メンター」という立ち位置でマーケティングを行なっているため、「話し方」や「レジュメなどの資料の作り方」についての指導は最小限で済んでいます。ですので、単純な「セミナー講師になる方法」を伝授するコンサルは、次の「セミナービジネス支援コンサル」のフロントエンドにしたりしています。

セミナービジネス支援コンサル

すでにセミナー講師としてのスキルがある人に、セミナービジネスを開業させたり、集客やバックエンドについてアドバイスすることで、セミナーの利益率や利益額を大きくしてあげるためのコンサル商品です。

コンテンツ作成セミナー

これは、文章の書き方とか、録音機材や撮影機材の使い方、編集ソフトの使い方、各種資料作成用ソフトの使い方などの、コンテンツの作成そのものに関するセミナーです。この後の「コンテンツビジネス開業セミナー」のフロントエンドとすることが可能です。

コンテンツビジネス開業セミナー

すでにコンテンツを作成するスキルのある人向けに、リストの集め方やフロントエンド、バックエンドなどの「リストマーケティング」の概念を説明しながら、実際にコンテンツビジネスで収益を上げていく方法を伝えるセミナーです。

コンサルビジネス開業セミナー

コンサル系のビジネスをやってみたい人に、具体的なビジネスの内容を教えていくためのセミナーです。「コンテンツビジネスはやっているけれどコンサル商品を販売したことがない」「セミナービジネスはやっているけど、コンサル商品を販売したことがない」という人が主な対象となります。各種コーチング、カウンセラーなどの「資格は持っているけれども稼ぎ方が分からない」という人も対象にできます。

セミナー講師育成セミナー

セミナー講師業をやってみたい人を一堂に集めて行なうセミナーです。無料や低額のセミナーには初心者が集まりやすい傾向にありますので、「一度もセミナーをやったことが無い初心者」や「多少の経験はあるけれど、それほど熟練していない中級者」が主な対象となります。多人数を集めるセミナーという特性上、セミナー自体を「練習の場」として提供したり、これからジョイントベンチャー（JV）で一緒にセミナーを開催するビジネスパートナーを見つける場の提供、といった側面もあります。

セミナービジネス成功セミナー

すでにセミナー経験がある人向けに、リストマーケティングの概念を伝えることで、彼らのセミナービジネスの利益率や利益額を大きくしてあげるためのセミナーです。

さて、私のコンテンツをご紹介してきましたが、先に述べました通り実はこれは大枠、つまりほんの一部です。ここからさらに枝分かれして、それこそクライアントごとに細分化しています。

例えば、Aという一つの商品を作れば、そこからA＋、A＋＋、A＋＋＋・・・と、アイデア次第で無数の商品を作っていくことができるのです。たくさん商品があれば、それだけ売り先もあり、売上も大きく見込めます。

メンタービジネスはいかに夢があり、成功の可能性が高いか、おわかりになると思います。

【実例】私が初めてやったコンサル（引っ込み思案解消トレーニング）

ざっと私の商品をご紹介しましたが、最初からたくさんあって、「これでいこう！」と決め打ちで開発したわけではありません。

私は独立して働き始める以前、某不動産関係の東証一部上場企業に営業職として勤務していたことがあったので、当初はその時の経験を元にした商品を考えていました。

営業職時代、私の成績はなかなか良く、全国の全営業社員約3000名中トップ1％（20位台）に入ったこともありました。しかも仕事内容は「飛込み営業での新規開拓」でしたから、営業職の中でもかなりハードな部類です。そんな中、私は好成績を残した実績があったので、「いつか飛込み営業を教えるコーチングをやってみよう」と考えていたのです。

そして独立後、ビジネス系のメルマガを発行した私は「飛込み営業コンサル」の募集を開始しました。しかし、実際に募集をしてみると、集まってくるコンサル生たちは、私の予想を遥かに下回る「人見知り」や「対人恐怖症」の人たちでした。

私は「心理学に基づいたコミュニケーションのテクニック」を伝授するようなコンサル内容を想定していたのですが、それは集まってきた生徒さん達にとっては「到底使いこなせない高度な技術」でした。というのも、彼らは味方であるはずの私と面談することにも過剰に緊張し、握手をしたら手の平が手汗でびっしょりだったり、顔面蒼白でずっと目が泳いでいたり・・・と、とにかく挙動不審な人が多いのです。

そこで私は「これは心理学のテクニックとか営業ノウハウ以前に、人見知りや対人恐怖症、そして引っ込み思案を解消してあげる必要があるな」と思い、さっそくメニューを「営業コーチング」から「引っ込み思案解消トレーニング」に変えました。

こうすることで、ビジネス目的の人だけでなく「彼女を作りたい」「婚活したい」といった人たちも集まるようになり、私のビジネスは意外と早く軌道に乗せることができました。

後の章でも詳しく述べますが、商品を開発する際には、顧客ニーズに合わせて柔軟に対応することが大切です。

ときどき「もったいなくて変更なんてできません」「もう少し続ければきっと効果が出ます」と言う弟子がいますが、私はきっぱり「時間の無駄なので変えましょう」と伝えます。

確かに、自分のアイデアをボツにするのは辛い決断かもしれません。

しかし、私自身の経験や弟子たちの事例、さらに同業他社の事例を見渡してみても、テストの段階で「ダメ」な結果が出ているものをそのまま続けたところで、やはり「ダメ」なケースがほとんどです。そこから良くなることは、天変地異などの外的要因が大きく変わりでもしない限り万に一つもありません。

そこで歯を食いしばって頑張ってみても、費やす時間と労力、そしてコストが膨らむばかりです。

現実問題として、個人レベルの事業では使える時間も労力もコストも限られています。

それより、多少気が進まなくても方向転換することで、信じられないほどの売上を手にする可能性が出てきます。

ビジネスの格言で**「計画5割、発見5割」**という言葉があります。これは「もし、ビジネスが計画通りに進んでいたなら、それは本来得られるべき利益の50％しか得られていない」ということを意味する言葉です。

ビジネスを進めて顧客とのコミュニケーションを深める過程で、後で必ず「初期には想像もしていなかったニーズ」が明らかになります。そして、先人たちはそれを「少なくとも当初に予想していた利益の2倍以上ある」と指摘しているわけです。

ビジネスのスタートからゴールまでの過程を、始める前から全て見通すことなど誰にもできません。裏を返せば、今の段階で自分の強みや商品が全く思い浮かばなかったとしても、見込み客となる人たちとコミュニケーションを取りさえすれば、あなたの強みや、あなたのオリジナル商品は、後で必ず見つけ出すことができます。

そして、もし、あなたが自分自身のアイデアや初期の計画に固執しそうになったら、「計画5割、発見5割」と併せて、次の言葉を思い出してみてください。

「強いものが生き延びたのではない。変化に適応したものが生き延びたのだ」

この言葉を肝に銘じて、柔軟に対応していくことが大切です。

第2章

メンタービジネスなら、誰でも成功できる3つの理由

1 「質問」が出来れば「コンサルタント」業で稼ぐことができる

1章でもお伝えしましたが、もし、あなたが今までに誰かの相談に乗ってあげた経験があれば、それを応用してコンサルタントになることができます。
恐らくみなさんのほとんどの方が該当するでしょう。

コンサルタント(以下、コンサルに略)業は、実にキャッシュフローの優れたビジネスです。メンターとなって弟子を育てるためにも、自分の専門分野にコンサル業を取り入れると良いです。

なぜなら、コンサルというビジネスモデルは、以下の3つの利点があるからです。

①前払いである
②集客(利益)が確定してから実務を実施すれば良い

③原価が掛からないので、お客さんが集まらなくても損失がない

つまり、受注生産販売のような流れなので、基本的に損はしません。

なぜなら、受注をしてから利益の出る範囲（赤字にならない範囲）で、その準備、運営コストをかければ良いのです。後出しジャンケンの法則ですから負けるはずがありません。

また、1章でも述べた通り、「私には、他人様からお金をもらって教えられるような、特別なスキルや経験がありません」という人が必ずいるのですが、これも心配いりません。

3章で詳しくご説明しますが、弟子集めの段階で配る無料プレゼントや、無料で開催するセミナー等に参加してくれた人の中から**「教えられたことを進める上で、わからないことがあるので、個別に教えて欲しい」**という相談が必ず生じてきます。

あなたはこれらの相談に乗ってあげて「具体的なニーズ」を聞いてから、その答えに合うように「コンサルティング」「コーチング」「カウンセリング」を行なえば良いのです。

ただし、漠然と待っているだけでは、お客さんから具体的なニーズが寄せられないこともあります。

例えば、「具体的なニーズ」は生じていても、お客さんの方で単純に「こんなことを質問しても良いのかな?」と遠慮してしまったり、何となくニーズは自覚していても、それを「個別コンサル」や「カウンセリング」の要望で相談する、という形では思いつかなかったりするわけです。

そのような場合は、こちらから「○○を進める上で何か困っている点はありませんか?」「何か不安を感じたり、壁になっていることはありませんか?」と質問することで、さりげなく相談へと誘導できます。

たいていの場合、何か物事を進める上で障害となるのは次の心理的な問題がほとんどです。

- 新しいことを始めるに当たっての恐怖
- 何となくどうして良いのか分からない不安
- 「面倒臭い」などのモチベーションに関すること

ですから、まずは、その心理的な問題を解決してあげやすくするために、こちらから手を差し伸べてあげるのです。

その後、コンサルやコーチング、カウンセリングといった商品を、そのお客様専用に開発して対応してあげるというわけです。さらに、実際のコンサル内容も、あなたからお客様への質問をベースに構成すると良いです。

このように、コンサルは、**お客様が本当に欲しい商品を売ってから、それを作る**わけです。失敗しようがありません。

point 個別コンサルやカウンセリング対応の例

例えば、「現在どういった点が問題になっていますか?」という質問をすると、相手から「○○について困っています」といった答えが返ってきます。

↓

そうしたら、あなたは「**○○という問題が発生した原因について、どういった理由が考えられますか?**」という質問を投げかけます。すると「○○が原因だと思います」といった答えが返ってきます。

↓

これに対して、あなたは「**○○を取り除くために、どのような方法が考えられますか?**」

と質問します。すると相手は「△△を実施すれば、○○を解決できると思います」という答えが返ってきます。

↓

あなたは「では△△を、いつ実施しますか？」という風に質問します。すると「×月×日に実施しようと思います。でも出来るかどうか分かりません・・・」といった答えが返ってくるかと思います。

↓

これに対してあなたは「できるかどうかは別として、スケジュールを組まないことには、ほぼ間違いなく実施されないですよね？　でも今、あなたは私と一緒に仮のスケジュールを立てたわけですから、その分だけ実現可能性が高まったではないですか。まずは、そこまでプロジェクトを進捗させた自分自身を褒めてあげてください」と、現状に向き合って問題解決しようとしている相手を勇気づけてあげます。

そして次に「×月×日に△△を実施できなかったら、それはまた次回のカウンセリング時に一緒に対策を考えましょう。もちろん実施できた時にも、ぜひ教えてください。たまには堅苦しい話だけでなく、お互いにお気に入りのスイーツやお酒を楽しみながら、目標達成のお祝いのコンサル（やコーチング、カウンセリング等）をしましょう。それでは、×月×日以降で次回の面談のご希望日は、いつがよろしいですか？」という風に対応していきます。

前述した通り、たいていの場合は単に心理的な問題がネックになっていて、ビジネスを進める上での知識や能力の問題ではない場合が多いです。ですから、本当の意味での問題点や解決策などは、クライアント自身が理解していることがほとんどです。そして、あなたはそれを質問によって引き出してあげれば良いだけなのです。

繰り返しになりますが、コンサルタントは、依頼を受注する段階から、コンサルの実施まで、ほぼ「質問」をするだけで対応できてしまいますので、コンサルタントは質問ができれば誰でもなれる、というわけです。

なお、コンサル業務はキャッシュフローが良いだけでなく、その後の商品開発を進める上でも非常に有効なので、その点でも導入をお勧めします。

というのも「人がお金を払ってでも相談したいこと」はニーズの高い欲求なので、そのニーズや欲求を満たす新しい商品を開発すれば、その商品は間違いなく売れるからです。

例えば、私の事例でいうと「飛込み営業コンサル」を実施していた中で、最終的に「飛

コンサル＆カウンセリングシート

コンサル＆カウンセリングシート　　実施日　　クライアント名

クライアント本人が得たい結果の明確化	問題点（得たい結果と、現状のギャップ）
阻害要因は何か？	阻害要因を取り除くためにどうすれば良いか？
質問1	回答1
質問2	回答2
質問3	回答3

目標設定・課題の具体化	目標設定・課題のステップ細分化
何をいつまでにやるか？	ステップ1
	ステップ2
	ステップ3
クライアント本人の気づき	備考 次回セッション（面談）日時

※この資料は以下のURLからダウンロードできます。
http://motokiren.jp/book/1

込み営業マンのためのファッションコーディネート講習」という商品を開発したことがあります。

これは、飛び込み営業に関するコンサルを通じて「自分に自信が持てない原因として、どういった理由が考えられますか?」といった質問を掘り下げていったところ、「自分がオシャレでないことが自信のなさにつながっている」と判明したために開発したコンサル商品です。

私はファッション雑誌を研究したり、プロのファッションコーディネーターを探してみることを提案したのですが、「レンさん（著者）が一緒にショップを回ってくれると有難いのですが・・・」という一言から、そんなことでよければと三時間で一万円ほどの価格設定で商品化したところ、大変喜ばれてしまいました。

この話にはさらに続きがあり、ファッションが得意な私の弟子に、こうしたビジネス向けのファッション講座やセミナーを企画させました。そして、私が弟子のファッションセミナーやコンサルに顧客を紹介した際には、紹介マージンが発生する仕組みを作りました。

こうすることで、ファッションに特化したセミナーやコンサルを受けたい顧客からも喜ばれ、ビジネススタート直後の私の弟子からも感謝され、紹介マージンという形で権利収入が得られる私も嬉しい・・・という、WIN・WIN・WINの関係を築くことができました。

少し話が逸れましたが、このように、コンサルタントは質問ができれば誰でもなれるのです。

2 「道案内」ができれば、「セミナー」で稼ぐことができる

こちらも、1の「質問」同様、ほとんどの方が経験済、実行可能なはずです。

セミナーは、コンサル以上にキャッシュフロー及び効率の良いビジネスです。まず、コンサル同様、以下の3つのメリットがあります。

①前払いである
②集客（利益）が確定してから会場を押さえても良い
③原価が掛からない（自宅セミナー等の場合）ので、お客さんが集まらなくても損失がない

これに加え、セミナーには4つ目の大きなメリットが追加されます。

④セミナーを撮影・録音したりすれば、そのままコンテンツとして販売できる

この4つ目のメリットの、作成方法・販売方法については3章で後述します。

さて、私が、「あなたもセミナーをやりましょう！」とコンサルやセミナーで教えると、「人前で話をするのが苦手です」という人が必ず出てきます。

しかし、そのような時に、私は「でも、あなたは今、私に向かってしっかりと話ができていますよね？」と冗談交じりに切り返すことがあります（笑）。

これは例えるなら、外国人に「Can You Speak English?」（あなたは英語が話せますか？）と聞かれて、「I Can Not Speak English!」（私は英語が話せません！）と、英語で答えている状況と同じです。

苦手ではあっても、その能力は持っている、ということです。

セミナーというと、数百人以上が集まる会場で、大きなプロジェクターなどのスクリー

ンがあって、テレビカメラのように大きな撮影カメラが何台もあって、自分の声がマイクを通じてスピーカーから大音響で流されて・・・といった、非常に大掛かりなプレゼンテーションイベントを連想する人もいます。

しかし、実際のところ、そんな大舞台でのセミナーは稀で、いきなりそんな高いハードルを跳ぶ必要も全くありません。

最初はせいぜい10人から20人程度、あなたの性格によっては3人から5人といった少人数から始めれば良いのです。

話し方にしても、複数の人間を前にするからといって、別々の話題を複数同時並行で行なうわけではありません。セミナー講師のあなたは、一つの話題を、1人の相手に向かって話す時と同じように話せばよく、ただその話を聞いている人の人数が増えるだけです。

要は、「人の前に立って話をすること」自体に慣れていないから単純に怖いということですが、自分が先生やメンターになって話をする場合、学校や会社などで人前に立って話をする場合とは状況が違います。

学校や職場などでは、あなたの話し方や立ち居振る舞いを採点したり、チャチャを入れたりする人がいるものですが、あなたのセミナーにお金を払って聞きに来てくれる人は、いわばあなたの仲間や友達のようなものです。もっと言えば、あなたを頼って相談に来る方々です。

当然、彼らは、あなたのアラ探しに集まっているのではなく、問題を解決するヒントを探したり、何か有益な情報を持ち帰りたいと思っているだけです。また、あなた自身のブランディング次第では、単にあなたと会えるということに価値を感じて来てくれる人も多くなります。

もちろん、セミナー参加者の顧客満足度を高めるための努力は大事ですが、基本的には講師であるあなたのペースに合わせてくれて、「話を理解できないのは自分が悪い」という風に考えてくれます。

ですから、**多少、スピーチが下手だったり、セミナーの構成が悪かったとしても、それほど心配する必要はありません。**

逆に「完璧なセミナーをこなせる自信がついたら集客しよう」と考えていると、いつまで経っても最初の一回目のセミナーができないものです。

もし、いきなりお金をもらうことに抵抗がある場合は、最初は練習と割り切って、料金設定をうんと安くしたり、お土産となる特典などを付けて、参加者が参加費の元をとれるように調整すれば良いのです。場合によっては無料にしてしまっても構いません。

このように帳尻を合わせるようにすれば、ぐっと気が楽になるかと思います。

なお、「集客してもお客さんが一人も来なかったらどうしよう」という不安を持つ人もいると思いますが、そのような場合は、セミナー型コンテンツの撮影＝コンテンツ作成作業に切り替えることができます。(セミナーを撮影してコンテンツを作成するノウハウについては3章でご紹介します)。

セミナーの内容も、あなたが普段やっていることを初心者向けに説明するだけなので、変に難しく考える必要はありません。

自分が経験したことをベースに、どのようなところでつまずいたのか、その時どのように感じたのか、そしてその問題をいかに解決して現在に至るのか・・・という風に、山登りの道案内をする時のように順序立てて説明していけば良いのです。

ちなみに**「自分に答えられないような高度で難しい質問をされたらどうしよう」**と不安に思う人も多いのですが、**参加者はそもそも初心者ばかりなので、高度な質問が寄せられ**

ることはまずありません。

それどころか「え、そんな簡単なことが分かっていなかったの？」というような、レベルの低い質問が多いことに驚かされるはずです。

例えば、『パワーポイントを使ったプレゼンテーション資料の作り方セミナー』を開催したら、参加者から「パソコンの電源の入れ方が分かりません」という質問が寄せられたりするイメージ（実話）です。

ですから、あなたが心配すべきことは、「自分の説明が難しくなりすぎないように」「初心者でも理解しやすいようにする」「予想を下回るレベルの低すぎる質問が来た時に対処できるようにしておくこと」といった、簡単なことが多いのです。

また、「中止」「延期」という決断もあります。実際に募集を行なうとわかりますが、実は、設定した日や時間の都合が悪くなることもよくあります。そんなときは迷わず中止にしたり、参加者から「この日なら都合良いのですが・・・」という日に延期した方がうまくいきます。

ときどき、「言ったからには何が何でもやらなくては！」と意気込みすぎてしまう真面目な人がいますが、企業ではなく個人ベースのセミナーです。「中止」「延期」はよくあることなので、それほど気にしなくても大丈夫です。

なにより、あなたの話が聞きたいと思っている方ばかりなので、思うほどクレームも起こりません。

point セミナー構成と進め方の例

セミナーの構成としては、最初にセミナー全体の流れの説明をして、参加者がそのセミナーを通じて得られるメリットを伝えます。その後は、一つずつ順番に説明をしていきます。構成としては、全体が2時間のセミナーであれば、講義自体は一時間半、残りの三十分は質疑応答や、バックエンド商品の販売（簡単な売り込みと申込み受付）などに充てると良いです。

レジュメはスライドに使うものを全てプリントして配布しても良いのですが、ページ数×人数によっては印刷代がバカになりません。コツとしては、**「会場で配布するのは最低限のレジュメのみ、セミナー全体のレジュメは後日PDFにしたものをメールに添付して送信」**すると、後に顧客とのコミュニケーションを図るキッカケにもなり効率的です。

プロジェクターを使用できる貸し会議室等でセミナーを開催する場合、スライドのページ送りを**リモコン付きレーザーポインター**で行なうとかなり便利です。これは便利なだけでなく「セミナー慣れしているカッコイイ講師」の印象も与えやすいのでオススメです。安いものであれば２０００円程度から売られていますので、ぜひ活用してみてください。

便利なリモコン付きレーザーポインター

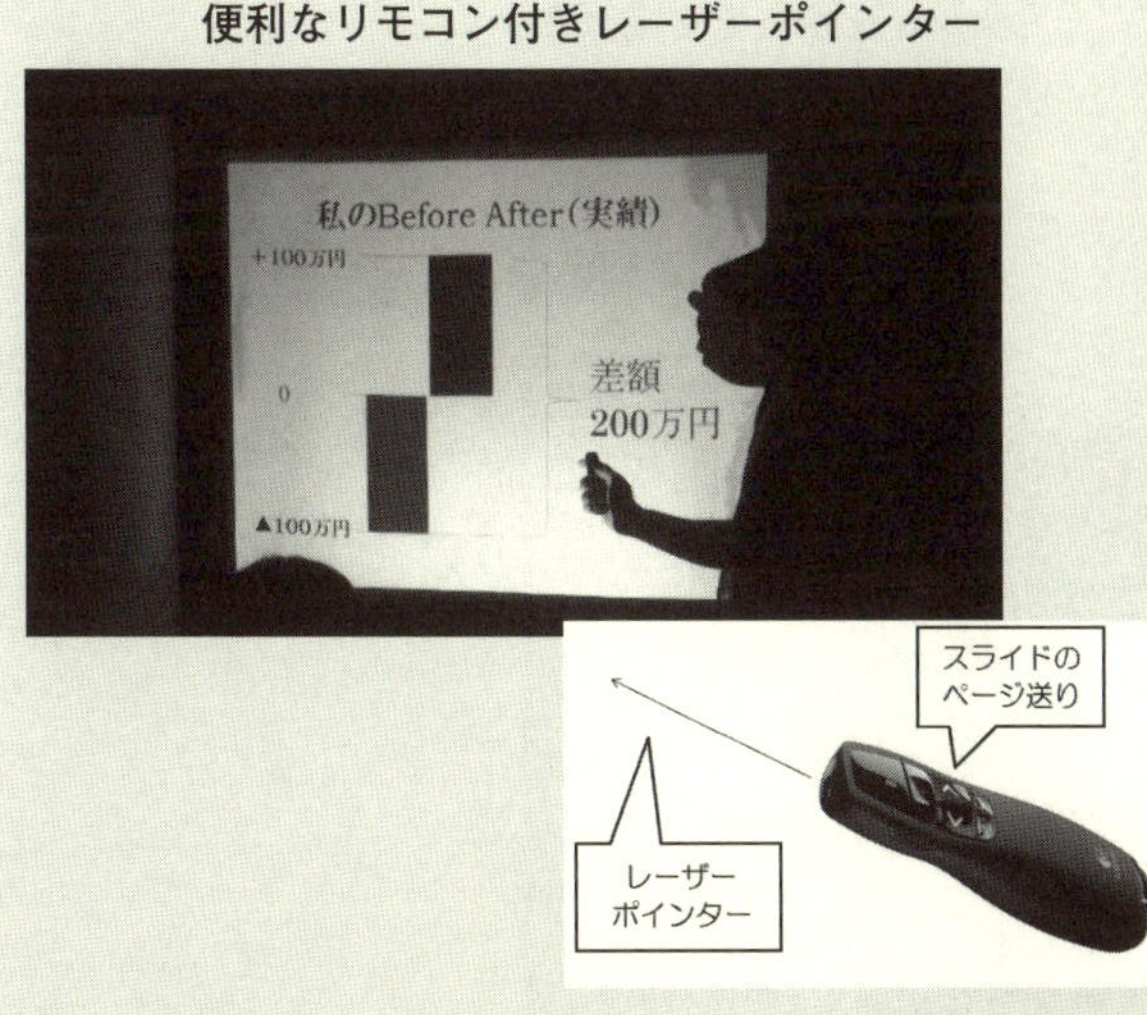

なお、**自宅などの「通常セミナーが行なわれないような場所」**を会場として少人数セミナーを開催する場合に、プロジェクターの設備が無いことがあります。

このような時は、集まる人数にもよりますが、32インチ～50インチくらいの少し大きめのテレビにＨＤＭＩ端子を使ってパソコン画面を表示すると、充分にプロジェクターの代用ができます。つまり、パソコン上のパワーポイントやキーノートによるスライドを大きめのテレビで表示させるわけです。

部屋を暗くして資料をテレビに表示させる

テレビを使った自宅セミナー

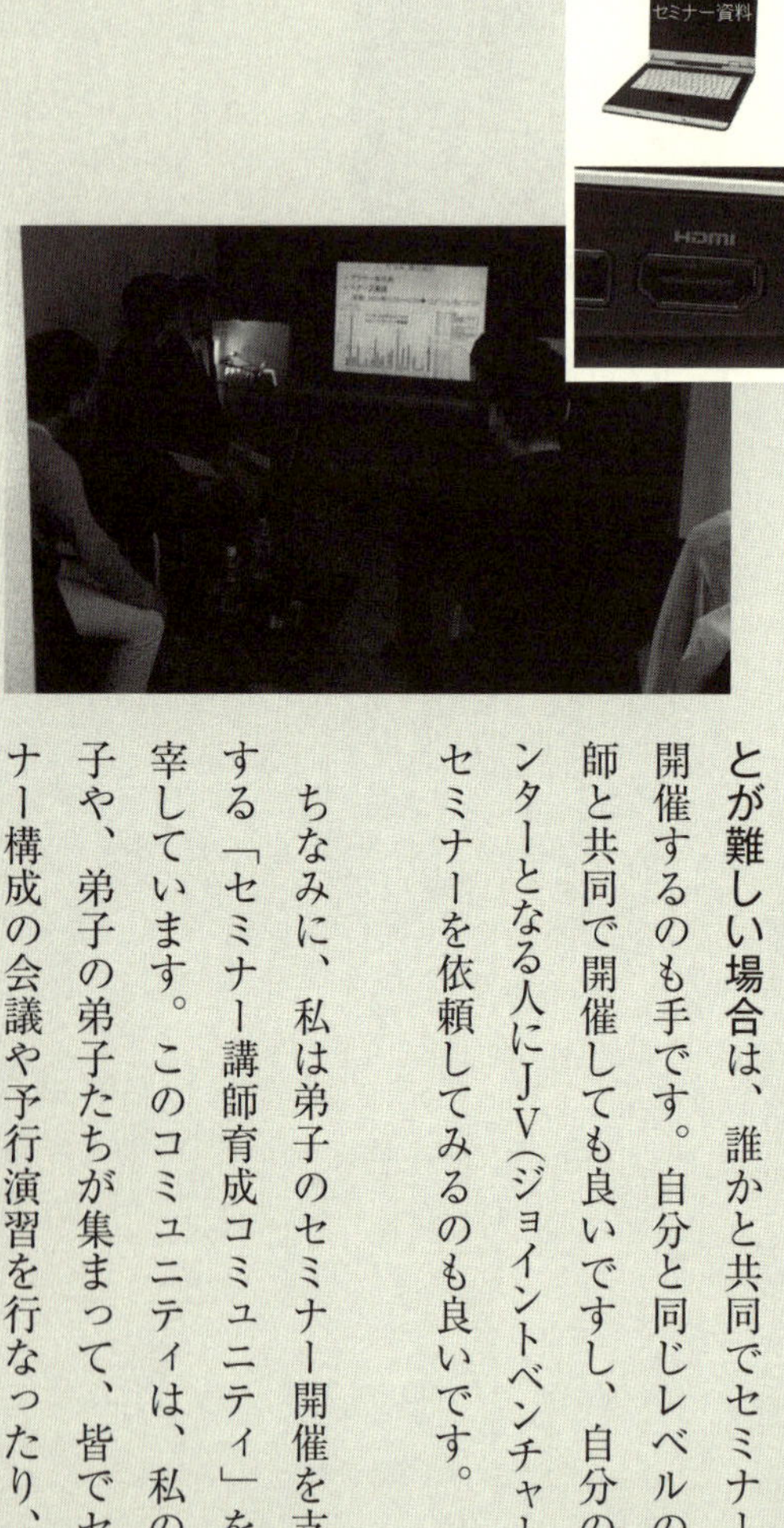

だけで、かなりセミナーらしい雰囲気になるのでオススメです。小規模な自宅セミナーから始める場合には、ぜひ試してみてください。

最初から自分で単独セミナーを開催することが難しい場合は、誰かと共同でセミナーを開催するのも手です。自分と同じレベルの講師と共同で開催しても良いですし、自分のメンターとなる人にJV（ジョイントベンチャー）セミナーを依頼してみるのも良いです。

ちなみに、私は弟子のセミナー開催を支援する「セミナー講師育成コミュニティ」を主宰しています。このコミュニティは、私の弟子や、弟子の弟子たちが集まって、皆でセミナー構成の会議や予行演習を行なったり、共同開催のパートナーを見つけたりする会員制の集まりです。もちろん、私から弟子たちにはセミナー集客を始めとする運営に関するノウハウ、さらにはセミナーを撮影してコンテンツ化するノウハウなどについて教えています。

※なお、セミナーをコンテンツ化する方法は5章にて説明します。本書の発売を記念して、読者専用の「セミナー講師育成コミュニティ」を作る予定ですので、最新情報は左のURLからご確認ください。

・読者限定・本木練の「セミナー講師育成コミュニティ最新情報」
http://motokiren.jp/book/2

3 「セミナー」の後の「懇親会」までを戦略とする

セミナーを開催した場合には、セミナー後の懇親会をセットで行なうことを強くオススメします。私の弟子たちには必ずやるように指導しています。

実は私自身、会社員時代の「飲み会」が大嫌いだった影響で、セミナー後の懇親会には当初とても抵抗感がありました。しかし、この「セミナー後の懇親会」を実際にやってみると、会社員時代の飲み会とは全く別のもので、非常に重要なステップであることに気が付きました。

まず、セミナー後の懇親会に講師として参加すると、誰かに絡まれたりすることがまずありません。講師は会の中心人物だからです。

そもそも参加者さんたちは「お金を払って何かを勉強しよう」という意識の高い人たちなので、マナーの悪い人はかなり少ない傾向にあります。ですから、とても楽しい雰囲気で食事やお酒を楽しむことができます。

参加者さんから握手を求められたり、ツーショットの写真撮影を求められたりするのも、なかなか気分の良いものです（嫌な場合は当然断ることもできます）。

このように、セミナー後の懇親会はとても楽しいのですが、私が強くオススメする理由は別にあります。

セミナーで講師が緊張するのは想像しやすいかと思いますが、実は、受講者さんの方も多少なりとも緊張している人が多いのです。

ですから、セミナー中には出てこなかった質問や相談、今後のサービスに関する要望などが、お酒の力や場の雰囲気の力も手伝って次から次へと出てきます。

リラックスした雰囲気の中で、**すでに有料セミナーに参加してくれたお客さんから本音の意見を聞くことは、コストをかけて無作為にアンケート調査をするよりも、ずっと深く正確にニーズ＝「お客様の声」を捉えることに**繋がります。

この「お客様の声」が非常に重要で、このために懇親会を開くといっても過言ではありません。よく、お酒をガバガバ飲んで盛大に騒いだあと、「今日の懇親会は、楽しかったし、参加者さんとも仲良くなれたし大成功だ！」といった主催者がいますが、それで本当に良いのでしょうか。

そうではなく、懇親会は「お客様の声」を集める場として活用してもらいたいのです。セミナーに関するダメ出しは真摯に受け止め、以後の改善に役立てる貴重な意見とします。セミナー会場が遠かった、狭かった、などの意見も次回に生かしましょう。

具体的な集め方としては、懇親会の早い段階で「今回のセミナーについてご感想のインタビューをお願いします」と呼びかけます。それと同時に、ＩＣレコーダーやビデオカメラを回して「お客様の声の収録」を始めます。これだけで、かなり簡単に「多数のお客様の声」を集めることが出来ます。懇親会にまで足を運んでくれる人は、いろいろ言っても、実はあなたのファンや同じ目標を持っている方ばかりなので、インタビューにも協力的でしょう。

このとき、**最初の2～3人目は明らかにインタビューの受け答えが上手そうな人を指名して開始するのがコツ**です。

最初に「上手な受け答え方の例」を見せることで、後に続く人は「ああいう風に答えれば良いんだな」と参考にして、真似するようになります。

このようにすると、セミナーの満足度も後付けで上がりやすくなりますし、「イイ感じのお客様の声」を一度で大量に収録できます。

point 懇親会をフル活用！「無料相談会」化する

懇親会を行なうメリットは、まだ終わりません。

懇親会ではセミナー中には出てこなかった質問や相談が多数寄せられるとお伝えしましたが、このときに、彼らの質問や相談を丁寧に受け答えることで、次回のセミナー、高額なコンサルサービス商品など、本命の商品がその場で売れることが多々あります。

セミナー中にもこうした本命の商品を紹介したり、申込み受付の時間を取るべきですが、セミナー時間内では決断できない人が多数います。

そして、セミナー中に申込みを迷っていた人が、懇親会に出席して講師の人柄や受け答えに触れることで「この人なら信頼できそうだ、この人に付いていってみよう！」という風に、懇親会が決意を固める手助けとなります。

つまり、懇親会がある種の「無料相談会」の役割を果たすわけです。この懇親会時の受注金額（売上）が、セミナー中の売上を大きく上回ることがありますので、決してバカにできません。


何の準備もなく、懇親会を通じて（運良く）本命のコンサル依頼やバックエンド商品の申し込みが来れば良いですが、もし誰からも、何の依頼も注文も来なかった場合・・・それは果たして大成功と言えるでしょうか。

そもそも、「懇親会が販売のチャンスだと認識していない主催者」もいますし、「懇親会で売り込みなんかしたくない」という考えの人も多いです。しかし、これは非常に勿体なく、また、お客様に対して失礼な行為でもあります。

というのも、あなたのセミナーに参加してくれるお客様というのは、あなたの商品を通じて「自分の人生をより良く変えたい」というニーズがあるから来ています。そして、あなたの本命の商品は彼らのニーズをより強力に実現するものです（もし、あなたの本命商品が詐欺的なものであれば論外ですが、決してそんなことはないでしょう）。

であるならば、「買う・買わない」「申し込む・申し込まない」の最終的な判断は、お客様自身に、なるべく自分のタイミングで行なわせてあげましょう。そして、お客様にとって懇親会が「最も買いたい・申込みたいタイミング」になるのなら、それはスムーズに気持ちよく受け取ってあげるべきです。

もし、あなたが「懇親会で売り込みなんかしたくない」と言って準備すらしないのであれば、それは「自信を持って販売できない商品を高額で売る」という失礼な行為か、もしくは単純に「おもてなしの心を欠いた失礼な態度」となります。

少し話が逸れましたが、このように、セミナー後の懇親会は、最悪の場合でも「次に活かすヒント」がもらえますし、最高の場合には「取引継続（次回のセミナーやコンサル）＋大量のお客様の声＋本命の商品販売」となりますので、私は必ずセッティングすることをオススメしています。

第3章

「メンタービジネス」を始めるための基礎知識

■メンタービジネスで最初に覚えておく「リストマーケティング」

いよいよ、メンタービジネスの核心をお伝えしていきます。
巻頭の「はじめに」でお伝えした通り、ビジネスにおいてやるべきことは・・・

・見込み客を集める（マーケティング）
・商品を作る（商品開発）
・売る（セールス）

この3つだけです。この項でお話しするのは、この3つのうち見込み客を集める（マーケティング）に関することです。

本書では、見込み客集めの手段としては、主にインターネットを使用したコンテンツビジネスを推奨します。

その理由は、コンテンツビジネスなら、**ほとんどお金をかけずに「リストマーケティング」の概念を深く理解できるようになる**からです。

リストマーケティングについては、これからじっくりと解説していきますが、その「概念」が理解できると、ビジネスの全体像が見えるようになったり、広告費を実質無料にできる方法がわかったり、仕組みを作ることが出来るようになります。ぜひしっかりとマスターしてください。

初めに、「リストマーケティング」を理解する上で必要な専門用語について解説します。次の4つの用語は必ず頭に叩き込んでください。

①フロントエンド（集客商品）
②バックエンド（収益商品）
③コンバージョン（成約率、転換率）
④LTV（ライフ・タイム・バリュー、顧客の生涯価値）

では、それぞれについて詳しく解説していきます。

①フロントエンド（集客商品）

フロントエンドとは、これからお客になるであろう見込み客の「リスト化を目的として、利益を目的としないで商品を販売・配布すること」です。

リスト化というのは、一般的な意味での名簿とか一覧表を指します。

わかりやすい例としては、化粧品やサプリの無料お試しサンプルです。このサンプルを送ってもらい受け取るためには、自分の住所や電話番号を企業に通知する必要があります。化粧品やサプリの会社は、必ず応募者の住所や電話番号をリスト化していますので、フロントエンドとなります。

ファストフードの割引クーポンなどの、単にお店に来てもらうだけの宣伝・プロモーションとは違い、リストマーケティングを用いるメンタービジネスでは、ただ配るだけでは意味がありません。

あくまでも、見込み客のリストを構築することが目的です。

つまり、目先の小さな利益ではなく、後述するバックエンドでの大きな利益への布石という考え方です。

インターネット活用の例で言えば、無料のメールマガジンがフロントエンドにあたります。これに登録させせると、読者はメルマガ記事などのコンテンツを無料で受け取れる代わりに、メルマガ発行者へ自分のアドレスを知らせることになるからです。

つまり、メルマガ発行者は、読者のメールアドレスをリスト化できるので、無料メルマガ＝フロントエンドとなります。

②バックエンド（収益商品）

バックエンドについては、先に触れましたが、**「フロントエンド商品を購入・入手した人たちに対して、本命の大きな利益を得ることを目的とした商品」を販売することです。または商品自体を「バックエンド」とも言います。**

例えば、無料のメールマガジンを読んでいる「読者のリストに対して、メルマガで有料セミナーを販売すること」などがバックエンドにあたります。

化粧品やサプリの場合であれば、サンプル品が無くなる時期を見計らって有料商品を案内するダイレクトメールを送ったり、電話をかけて有料商品の売り込みをすることがバックエンドとなります。

一方、スーパーやデパ地下で試供品を配る場合、試供品を食べた人に対して、その場で「美味しいでしょう？　ぜひ夕飯のおかずにお買い上げ下さい！」と、売り込みをかけることが可能ですが、売り込みのチャンスは基本的にその場限りの一回だけとなります。

その点、メンタービジネスを行なうためのリストマーケティングでは、**見込み客がメルマガを解除したり、企業からのDM発送や電話案内を拒否しない限り、何度でも継続的に「バックエンド」の案内を出したり売り込むことが可能**になります。

このように、本書で推奨するメンタービジネスは「瞬間的で継続しない売上」ではなく、「長く継続的に利益の上がるビジネスモデルの完成」を目的としています。そのため、最初に少しだけ準備をすることになりますが、最終的には本業に出来るレベルのビジネスを構築できます。

③コンバージョン

「コンバージョン」という言葉にはいくつかの意味がありますが、本書では「成約率」と「転換率」の2つの意味だけを用います。

・③－１「成約率」の意味としてのコンバージョン

まず「成約率」という意味での「コンバージョン」について説明します。

例えばフロントエンドで集まったリストが１００（メルマガ読者１００人とか、サンプルの応募者が１００人など）だったケースで、そのリストへのバックエンドで３人が商品を購入してくれた場合、３／１００となりますので「バックエンドのコンバージョン（成約率）３％」などと表現します。

この成約率という意味でのコンバージョンは、比較的理解しやすいかと思います。

・③－２「転換率」の意味としてのコンバージョン

また、「転換率」という意味でも「コンバージョン」という言葉が使われます。こちらは少し分かりにくいかもしれないので、注意が必要です。

例えばメルマガ読者数（見込み客数）を増やすための広告を出したとして、その広告ＵＲＬのクリックされた数が１０００だったとします。この１０００クリックの中から、30人のメルマガ登録があった場合、「メルマガ広告のコンバージョン（転換率）３％」などと表現します。

この場合、新しくメルマガ読者になった人は無料で登録しただけなので商品購入という意味での「成約」はしていません。しかし、メルマガ発行者にとっては「**メールアドレスを登録してくれたので、「見込み客（リスト）」が増えた」という今後の期待が生まれ、明確な広告効果を得た**ことになります。

そのため、広告などの効果を測る重要な指針として「単なる通りすがりの人↓見込み客としてリスト化された人の割合」という意味でも「コンバージョン（転換率）」という用語が使われるのです。

なぜ、このような用語を覚えたり、数字の意味や概念を理解する必要があるのでしょうか。それは本書で推奨する「メンタービジネス」を行なうために必要なリストマーケティングでは、フロントエンドやバックエンドの**コンバージョンが数パーセント変動しただけで、ビジネス全体の利益率や利益額が何倍にも変動するから**です。

例えば、新規メルマガ読者を獲得するためのフロントエンドとして、50万円の広告を出し、その後、バックエンドとしてメルマガ読者に対して参加費3万円のセミナーを販売するとします。

このとき広告によって得られたメルマガ紹介ページへのアクセス（URLのクリック数）

が1万クリックあり、このフロントエンドのコンバージョン（転換率）が3％、つまり新規のメルマガ読者登録数が300人だったとします。

そして、この300人に対して参加費3万円のセミナーを販売したところ、「バックエンド」の成約率が5％、つまり15人が購入してくれて、セミナーの売上が45万円だったとします。

この場合、広告費の50万円に対して売上が45万円です。つまり、フロントエンド及びバックエンドのコンバージョン（転換率、成約率）が変わらず、セミナー以外のバックエンド商品が無い場合、「このフロントエンド（広告）とバックエンド（セミナー販売）の組み合わせはビジネス全体で5万円の赤字になるだけだから、次からは止めた方が良い」もしくは「何かを改善すべきである」などと判断できます。

そして「このままでは赤字だから、まずはバックエンドのコンバージョン（成約率）を高めよう」と考え、バックエンドの成約率を上げる施策に着手したとします。

その結果、バックエンドのコンバージョン（成約率）が5％から7％に上がったと仮定します。

この場合、フロントエンドのコンバージョン（転換率）は3％＝300人の新規メルマガ読者登録、これに対するバックエンドのコンバージョン（成約率）が7％なので300

人×7％＝21人の購入者となり、セミナーの売上は3万円×21人＝63万円となります。

これなら、広告費の50万円に対して売上が63万円（＋13万円）となりますので、このセミナーは開催し続けて良いと判断できます。


その一方で、「まずはフロントエンドのコンバージョン（転換率）を高めよう」と考えて、フロントエンドの転換率を高める施策に着手した結果、フロントエンドのコンバージョン（転換率）が3％から5％に上がった場合はどうなるでしょうか。

この場合、フロントエンドのコンバージョン（転換率）は5％＝500人の新規メルマガ読者登録、これに対するバックエンドのコンバージョン（成約率）が5％です。500人×5％＝25人の購入者となり、セミナーの売上は3万円×25人＝75万円となります。

広告費50万円に対してセミナー売上75万円（＋25万円）なので、こちらの場合も、メルマガ広告を出し続けて良いということになります。

それどころか、さきほどのケースに比べると、セミナーの売上から広告費を差し引いた利益額が2倍近くの差となります。

このように、コンバージョン（転換率、成約率）という数字は基本的に数％程度の低い数字になることが多いので、それぞれ数パーセントずつ変動しただけで、購入者数や売上金額、そして利益率などが大きく変動します。

もちろん、最終的には両方のコンバージョンを最大まで高める努力をするべきですが、現実問題として「どの順番で改善に着手するべきか」も考えていかなければいけません。

そのような場合に、こうした数字による「指針」が大変貴重な判断材料となるわけです。

また、**転換率と成約率の両方のコンバージョンを細かくチェックすることで、知らず知らずのうちに犯していた重大なミスを早期に発見できることがあります。**

例えば、申込みページの申込み方法が非常にわかりにくいとか、申込みボタンをクリックしても、どこにもリンクが繋がっていなかったとか、新聞の折り込みチラシに申込みの電話番号を記入し忘れた、などの重大なミスです。

このような場合、転換率と成約率の数字からミスの見当をつけ、そこを修正するだけでコンバージョンが一気に跳ね上がることになります。その結果、ビジネス全体で大きな利益を得られることがあります。

これとは逆に、もし80％などの非常に高いコンバージョンが出ていた場合、その部分は、おそらくそれ以上改善しようがないほど完成していると考えられます。

フロントエンド転換率5%、バックエンド成約率5%の場合

広告費	▲500,000円
アクセス数	10,000人
コンバージョン（転換率）	5%
新規リスト数	500人
バックエンド商品単価	30,000円
コンバージョン（成約率）	5%
購入者数	25人
バックエンド売上	750,000円
広告費＋売上	250,000円

フロントエンド転換率3%、バックエンド成約率5%の場合

広告費	▲500,000円
アクセス数	10,000人
コンバージョン（転換率）	3%
新規リスト数	300人
バックエンド商品単価	30,000円
コンバージョン（成約率）	5%
購入者数	15人
バックエンド売上	450,000円
広告費＋売上	▲50,000円

フロントエンド転換率5%、バックエンド成約率7%の場合

広告費	▲500,000円
アクセス数	10,000人
コンバージョン（転換率）	5%
新規リスト数	500人
バックエンド商品単価	30,000円
コンバージョン（成約率）	7%
購入者数	35人
バックエンド売上	1,050,000円
広告費＋売上	550,000円

フロントエンド転換率3%、バックエンド成約率7%の場合

広告費	▲500,000円
アクセス数	10,000人
コンバージョン（転換率）	3%
新規リスト数	300人
バックエンド商品単価	30,000円
コンバージョン（成約率）	7%
購入者数	21人
バックエンド売上	630,000円
広告費＋売上	130,000円

その完成された部分のコンバージョンを85％とか90％にまで高めることは非常に難しいでしょうし、仮に80％のコンバージョンを85％に出来たとしても、おそらくビジネス全体としては10％程度以下のインパクトにしかなりません。

ですから、**コンバージョンの数字を元にどこから先に改善すべきかを考える際には、より数字（パーセンテージ）の低い方から、または改善が容易で効果が出やすい部分から着手するのがベターです。**

単純に、力の入れどころの話で、そうした方が時間も手間もお金もかからないことが多いからです。

なお、文章や図の説明ではとっつきにくく、わかりづらい部分もあると思いますので、本書の読者様専用に特別の動画セミナーを作成しました。ぜひご活用ください。

・特別動画セミナーURL
http://motokiren.jp/book/3

④ＬＴＶ（ライフ・タイム・バリュー・顧客の生涯価値）

「ＬＴＶ」（ライフ・タイム・バリュー）とは「顧客の生涯価値」とか「顧客の寿命価値」を意味する言葉で、ある一人の顧客が長期的にもたらしてくれる利益額のことです。

例えば、あなたが無料のメルマガを配信しているとします。

そのメルマガの読者の中には、あなたから配信される無料のコンテンツ（メルマガ記事）を読むだけで、あなたがメルマガ上で紹介する商品ＵＲＬをクリックしたり購入することが一切なく、あなたの主催するセミナーやコンサルにも一切参加しない、という人がいるはずです。

つまり、あなたからの無料コンテンツを受け取り続けるだけの人です。

その一方で、あなたの勧める商品であれば、ほとんど何でも購入し、あなたの主催する有料セミナーやコンサルにも全て出席してくれる、という人も出てきます。

このように「その無料メルマガを通じて使うお金の額」というのは、メルマガ読者ごとによって異なり、さらに「メルマガを購読してから購読解除（購読をやめる）までの期間に使うお金の総額」になると、読者ごとに、かなりのバラツキが出てくることになります。

この、各自でバラツキのあるトータルで使うお金の総額、つまり、ある顧客（もしくは見込み客）が**「顧客になってから、顧客ではなくなるまでに使うお金の総額（または企業にもたらす利益額）」がＬＴＶ**となります。

当然、ＬＴＶの高い顧客は、その企業なりサービスに対する満足度が高いことを示していますので、企業側は顧客満足度を計測したり、それを高めるための指針としてＬＴＶを使うことができます。

しかし、**ＬＴＶの最も重要な役割は、「顧客１人当たりの平均ＬＴＶを把握することで、新規見込み客を獲得するために使えるコストが明確化できる」**という点です。

例えば、あるメールマガジンのメルマガ読者の平均的な購読年数（新規にメルマガ登録してから、解除するまでの期間）が3年間だったとします。そして、そのメルマガを通じて読者１人から年間平均１０００円の利益が得られるとします。

その場合、このメルマガの読者一人あたりの平均ＬＴＶは3年間で３０００円となります。

平均ＬＴＶが3年間３０００円であれば、新規のメルマガ読者を一人獲得するためのコスト（広告費など）に２０００円を使ったとしても、3年間で１人あたり平均１０００円

の利益が得られます

ここからが本題ですが、ではもっと読者と利益を増やすために、その手段として有料広告を出したとします。

10万円のメルマガ広告を出稿した結果、50人の新規登録がありました。

この場合、10万円を使って50人の新規読者の獲得なので、新規メルマガ読者獲得に要したコストは1人あたり2000円です。

この50人が3年間で50人×3000円＝15万円をもたらしてくれるので、この50人の獲得に要した10万円の広告費を差し引くと、3年後に5万円の利益となります。

ですから、その10万円のメルマガ広告は（3年間のスパンでキャッシュフローに問題が無ければ）ずっと続けても良い、という判断の根拠になります。

このように、LTVを把握することで、新規見込み客を獲得するために使えるコストが明確になります。特に広告に予算を投資する際には、とても重要な判断材料となります。

繰り返しになりますが、リストマーケティングとは「フロントエンドで見込み客をリスト化し、そのリストに対してバックエンドで利益を上げていく」というビジネスモデルです。

そして、コンバージョンやLTVといった数字を把握することで、ビジネスをどのように進めるべきか、新規の見込み客を獲得するためにどれだけのコストが使えるか、といった重要な判断材料が得られます。

これらの数字を見ながら顧客リストとのコミュニケーションを継続的に行なうことで、セールスが単発の売り込みで終わらないだけでなく、後でバックエンドの商品数も増やせます。さらにリピート性の高い商品を追加して、ビジネス全体の売上高や利益額等を後出しジャンケンのように調整することも可能です。

逆に、コンバージョンやLTVといった数字を正確に把握していなければ、あなたのビジネスは単なる当てずっぽうの連続となり、ビジネスというよりも勝ち目の薄いギャンブルになってしまいます。

本当に重要なので最後にもう一度繰り返しますが、このようにコンバージョンやLTVという数字や概念は、ビジネスを進める上で絶対に把握しておくべき重要な指針となります。ぜひ、しっかりと理解しておいてください。

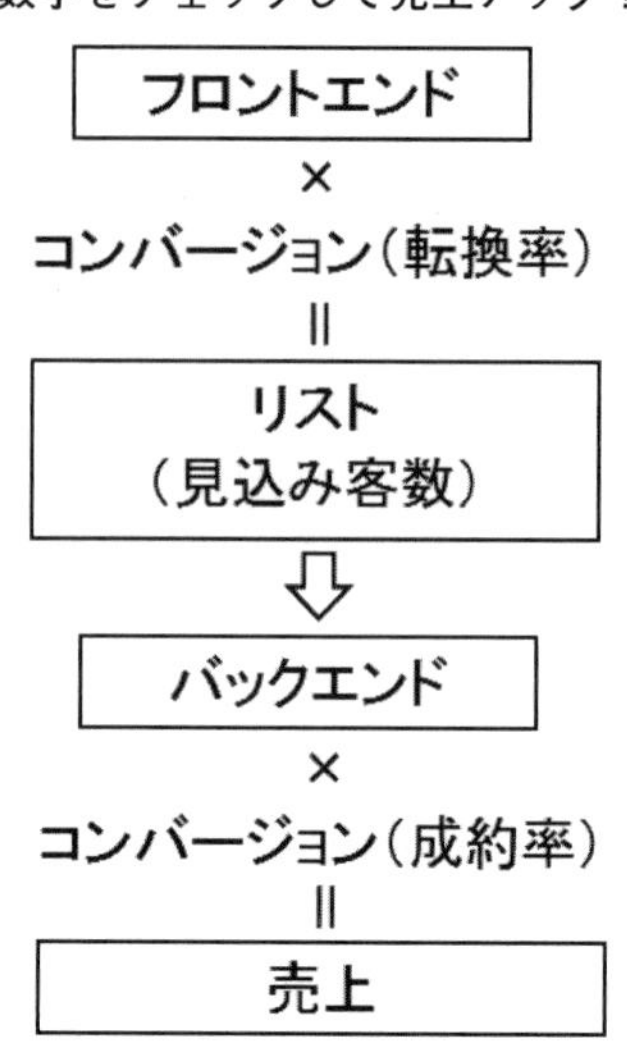

文章や図の説明ではとっつきにくく、わかりづらい部分もあると思いますので、本書の読者様専用に特別の動画セミナーを作成してあります。ぜひご活用ください。

・特別動画セミナーＵＲＬ
http://motokiren.jp/book/3

リストマーケティングは、実際に一つずつ、それもかなり大量の「小さなテスト」を重ねる必要があり、その度にいちいち予算を使っていたのでは個人規模のビジネスではまず継続できません。

そこで本書では、始めはなるべくコストのかからない、インターネット主体のコンテンツビジネスを推奨しています。

メンタービジネスに限らず、なにか新しい

ことを習得するときは、理屈や理論をきちんと理解しておくことが大切です。そして、理解するだけでなく、実際に現場で色々と試しながら「行動」「失敗」を積み重ねる必要があります。

その経験が肥料となって、いつしか揺るぎない大木になっていくのです。

その「行動」を起こすために、次章の4章では実際に「フロントエンド」を行なうための具体的作業とステップをお伝えしていきます。

ここまで読み進めて学んだ知識を、徐々にカタチあるものにしていきましょう。

第4章

あなただけの金脈を見つける「コンテンツ・トレジャーハント」5ステップ

金脈を見つける

～自分だけの知識や経験の棚卸し～

まずは、あなたが何をネタ（強み）にして商売していくか？

つまり、「コンテンツ作り」ここから考えていきましょう。

コンテンツの作成方法としては、「自分の知識や経験を棚卸しして見つける」ことが一番です。

これは以下の観点を第三者目線でチェックして、これら全てを細かく棚卸しすることで見えてきます。

・お金を使ってきた分野
・時間を使ってきた分野
・話していて楽しい分野
・特に努力せず得意だった分野

・得意ではないけれど、好きだったので努力してきた分野
・他人からよく質問されたり、相談をされる分野

こういった分野の中に、あなたにとっては「当たり前」なのに、他のある人からは「大金を払うからぜひ教えて欲しい」と願わずにはいられない貴重なノウハウ＝「金脈」が眠っています。

自分の知識や経験を棚卸しする方法としては、次ページのような表を用意して、そこにどんどん書き込んでいきましょう。

この作業では、あまり細かいことは考えずに（そして格好つけずに）、ただありのまま淡々と「とにかく数を多く書く」ということが大切です。

重複しても全く問題ありません。むしろ、重複する項目が多いものほど、あなたにとって「金脈」になる可能性が高くなりますので、重複大いに結構といったところです。

コツは、必ず先に「表を作成すること」です。先に表を作成して空欄を目にすることで「空白を埋めたい」という心理が働き、思っていた以上に色々なことを書き出しやすくなります。

知識・経験の棚卸シート

知識・経験の棚卸シート

作成日　　年　　月　　日　氏名

お金	時間	労力・体力	楽しい	得意	努力	質問や、相談

その他メモ・気付き・アイデアなど

・重複してもOK、どんどん書き込もう！
・重複の多い分野は、あなたに富をもたらす可能性大！
・表が足りなくなったら、どんどん増やしてOK！
・細分化したくなったら、どんどん増やしてOK！
・深く考えないで、どんどん書き込もう！
・他人に見せるものではないので、気取らずに書き込もう！
・他人に話したり相談しづらい分野ほど、儲けや大金が眠っている！
・謙遜は必要ない！　上には上がいるように、下には下が必ずいる！

※このシートは本書の読者専用限定ホームページにて、エクセルシート版、PDF版の両方を、それぞれ無料でダウンロードできます。ぜひ、ご活用ください。
・http://motokiren.jp/book/4

書き方の例（著者の例）

知識・経験の棚卸シート　　作成日 2015年7月30日　氏名　レン

お 金	時 間	労力・体力	楽しい	得 意	努 力	質問や、相談
ビジネス本	ギターの練習	散歩	音楽	タイピング	カラオケ	コミュニケーション
漫画本	アルバイト	ジョギング	ビジネス	ギター	ギター	ファッション
漫画雑誌	パソコンの習得	部屋の模様替え	映画	カラオケ	楽譜	ビジネス
洋服	英語	ツールの開発	マーケティング	バク転	英語	文章の書き方
靴	ナンパ	ランキング調べ	文章を書く	飛び濃い営業	健康	参考になる本
アクセサリー	仕事	試験	録音	車の運転	筋トレ	洋服のお店
飲み会	裁判	運転免許	撮影	手品	数学	デートする時のお店
お酒	睡眠	筋トレ	バンド	セミナー	セールス	友達の増やし方
デート代	資格の取得	セックス	ライブ	売り込み	プログラミング	初対面の人と打ち解ける方法
ギター	特殊車両の教習	洋服の買い物	作詞作曲	ナンパ	簿記	法律に関すること
作曲用の機材	ドライバーの仕事	転売の仕入れ	HP製作	アイデア	資格試験	健康に関すること
パソコン	メルマガの発行	楽器の練習	お笑い	国語	音楽理論	自分に自信を持つ方法
車	情報教材の作成	バンドメンバー集め	格闘技	文章を書く	音感トレーニング	人前で緊張しなくなる方法
家賃	書籍の原稿執筆	録音	時代劇の漫画	デザイン	事務処理作業	ドライブコース
お墓	読書	撮影	漫画	パソコン	ペン字	告白を成功させる方法
セミナー	洋服の買い物	営業	インテリア	資料の作成	パソコン	モテる方法
情報教材	DVD	本の検索	ファッション	リーダーシップ	心理学	トラブルに関すること
自己啓発プログラム	ネットサーフィン	転売価格差調べ	カラオケ	説明、説得	データ分析	心理カウンセリング的な悩み
資格の取得	資料の整理	運転の仕事	コンテンツ作成	気持ちの切り替え	人間関係	女性からの恋愛相談
英会話スクール	音楽活動全般	遠距離恋愛	腕時計	文章による表現	時間管理	子育て、家族関係、離婚等

・重複してもOK、どんどん書き込もう！
・重複の多い分野は、あなたに富をもたらす可能性大！
・表が足りなくなったら、どんどん増やしてOK！
・細分化したくなったら、どんどん増やしてOK！
・深く考えないで、どんどん書き込もう！
・他人に見せるものではないので、気取らずに書き込もう！
・他人に話したり相談しづらい分野ほど、儲けや大金が眠っている！
・謙遜は必要ない！　上には上がいるように、下には下が必ずいる！

その他メモ・気付き・アイデアなど

話し方関係のセミナーに、シチュエーション別、パターン別のロープレ（参加者が実際に皆の前で話すワーク）を取り入れて、その様子をビデオで撮影する。撮影した動画は会員サイトで見られるようにして、会員の定着率・継続率を高める。
（会員はロープレ動画で自分の成長を定期的に確認できる）

ダウンロード資料のシートでは各項目の欄が20個の表になっていますが、これは100個くらいまで増やしてしまっても構いません。上限はありませんし、多ければ多いほど良いものですので、1つの項目をさらに細分化したり、どんどん増やしていってOKです。

知識・経験の棚卸シートを作成する時のポイントは次の通りです。

・重複してもOK。どんどん書き込もう！
・重複の多い分野は、あなたに富をもたらす可能性大！
・表が足りなくなったら、どんどん増やしてOK！
・細分化したくなったら、どんどん増やして

ＯＫ！

・深く考えないで、どんどん書き込もう！
・他人に見せるものではないので、気取らずに書き込もう！
・他人に話したり相談しづらい分野ほど、儲けや大金が眠っている！
・謙遜は必要ない！　上には上がいるように、下には下が必ずいる！

このポイントを記したメモを作成し、作業中、自分の目に触れる場所に貼り出しておいたりすると良いです（ダウンロード資料には最初から記入してあります）。

ステップ2 強力なライバルがいないか？
～市場チェックの仕方～

自分の知識や経験の棚卸し作業を行なったら、作成した表は一旦そのままにしておき、次に市場のチェックを行ないます。

市場をチェックする理由は、あなたの持っている知識や経験、または興味のある分野の中で、最も効率よくお金を稼げそうな分野を見つけ出すためです。

市場規模はなるべく大きいに越したことはないのですが、「ライバル数」や「参入のしやすさ」「ニッチ化のしやすさ」、そして最終的には「あなた自身の情熱や心の声」にも耳を傾けながら総合的に判断していきます。

ですから、単純に市場規模が大きければ良いというものでもありませんし、小さいからダメというものでもありません。

まずはあまり先入観にとらわれず、淡々と「客観的なデータや現在の状況をチェックする」ようにしてみましょう。


市場をチェックするために、次の3つの作業を行ないます。

①「アマゾン」で市場規模をチェックする
②「まぐまぐ」でライバル数をチェックする
③「インフォトップ」で参入のしやすさ、ニッチ化のしやすさをチェックする

それぞれ詳細を解説していきます。

①「アマゾン」で市場規模をチェックする

原則的に、本や雑誌、ＤＶＤなどの商品タイトル数の多い分野は、それだけニーズが多く市場として大きいことを意味します。ですから、アマゾンでジャンル別のタイトル数をチェックすれば市場規模を大まかにチェックすることができます。

ただし、ＤＶＤやＣＤなどの「本以外のメディア」を視野に入れてしまうと、本書で推奨する先生業、メンタービジネスとは馴染みにくい芸能人やミュージシャン、芸術作品といったものもチェックの対象となってしまいます。

そこで、**市場規模のチェックは「本」だけに**ターゲットを絞ります。

・アマゾン　http://www.amazon.co.jp/

チェック方法は、アマゾンのサイトにアクセスし、「カテゴリー」から「本・コミック・雑誌＆Ａｕｄｉｏ」→「本」を選択して進みます。そして進んだページの中にある「ジャンル一覧」をクリックして「本（和書）のブラウズ」というページを開きます。

すると、「文学・評論」「人文・思想」「社会・政治」「ノンフィクション」「歴史・地理」「ビジネス・経済」・・・といった大きなジャンルがあります。

そして、さらにその下に（例えば「文学・評論」という大ジャンルであれば、その下に

「文芸作品」「歴史・時代小説」「経済・社会小説」「ミステリー・サスペンス・ハードボイルド」「SF・ホラー・ファンタジー」「エッセー・随筆」「古典」といった）中ジャンルが並んでいます。

このジャンル一覧ページから、さきほど作成した知識・経験の棚卸シートと関連性がありそうなジャンル（中ジャンル）を探してクリックし、検索結果として表示される**本のタイトル数をメモ**していきます。

仮に、ジャンル「実用」の中ジャンルである「スピーチ・話し方」をクリックすると、開いた先の画面の左側に「検索結果 1763件中1－24件」という表示が出てきます。

この「検索結果 1763件中」の1763件というのが、その時点での「スピーチ・話し方」ジャンルの本のタイトル数となります。

このようにして中ジャンルのタイトル数が分かったら、その数字をメモしていきます。

なお、このメモは後で数字を比較したり並べ変えを行なったりするので、最初からエクセル等にメモしておくと便利です。

自分の知識経験の棚卸シートと関連性がありそうな中ジャンルのタイトル数を10～20個ほどメモしたら、次にそれぞれのキーワードを分解して、**さらに細かく検索**します。

キーワードの分解とは、例えば「スピーチ・話し方」なら「スピーチ」と「話し方」の2つに分けるということです。

そして、分解したキーワードをそれぞれアマゾンの検索窓に入力して検索し、キーワードに絡んだ書籍のタイトル数（検索結果数）をチェックします。

このようにキーワードを分解して検索すると、「スピーチ・話し方」のジャンルで検索した時は1763件だった検索結果が、「スピーチ」＝3920件、「話し方」＝2635件という風に変わります。

そして、この検索結果数を中ジャンルの時とは別の表（新しいエクセルシート等）にメモしていきます。

その他、アマゾンの中ジャンルには無かったけれど、自分の知識・経験の棚卸シートから直接チェックしてみたいキーワードがある場合は、それもアマゾンの検索窓に直接入力して検索し、タイトル数（検索結果数）をメモしておきます。

この、「自分で思いついて直接検索したジャンルのタイトル数（検索結果数）は、分解したキーワード毎の表と一緒にメモしておきます。

この時点で、最初に作成した中ジャンルの表は不要になりますので、「分解キーワード＋直接キーワード」の表とは別のファイルとして保管するか、ファイル自体を破棄してし

アマゾンで市場規模をチェック

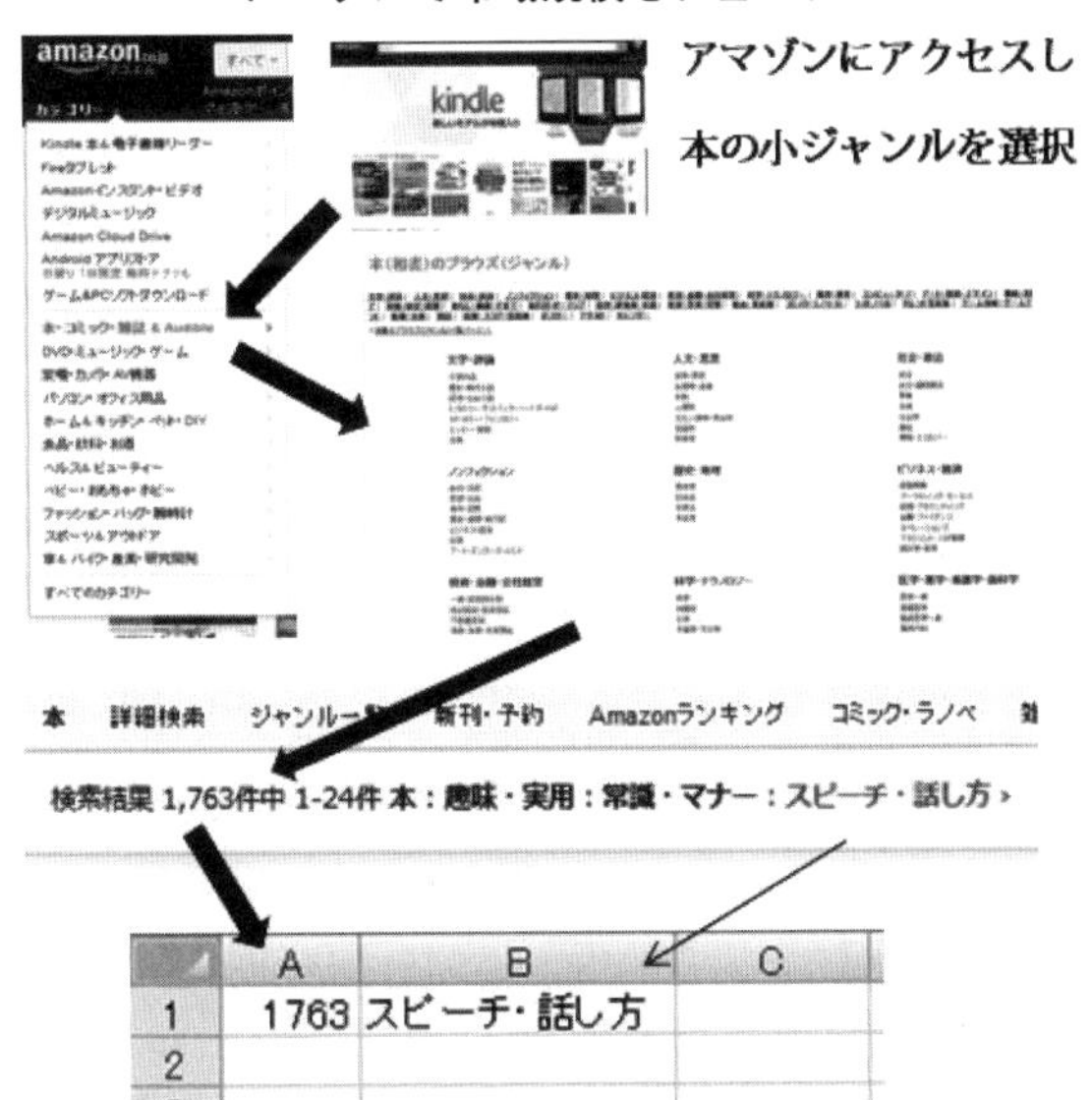

「検索結果」に表示されたタイトル数をエクセル等にメモ

	A	B
1	3,920	スピーチ
2	2,635	話し方
3	9480	ダイエット
4	22,053	マーケティング
5	9,913	セールス
6	102917	営業
7	27690	実践
8	332	ハウツー
9	7138	広告
10	5746	宣伝
11	9015	手紙
12	9789	文章
13	5648	書き方
14	5676	商品開発
15	147	所作
16	5835	作法
17	30853	企業経営
18	4353	起業
19	1713	開業

	A	B
1	1,763	スピーチ・話し方
2	4,488	ダイエット
3	4,301	ビジネス・経済
4	2,929	一般
5	1,924	セールス・営業
6	1,849	筋力トレーニング・ストレッチ
7	1,253	実践・ハウツー
8	1,043	広告・宣伝
9	926	手紙・文章の書き方
10	650	マーケティング・セールス 全般
11	462	その他
12	410	商品開発
13	307	所作・作法
14	303	企業・経営
15	10	起業・開業
16		
17		

まって構いません。

このように検索→メモして作成した「分解したキーワード及び自分で思いついた直接キーワードのタイトル数（検索結果数）の多いジャンル」を、単純に「市場規模の大きいジャンル」であると考えます。

かなりザックリとしたデータではありますが、本＝書籍の出版というのは各出版社がそれなりに売れることを見込んで経費も労力もかけて世に出している商品です。

そのような商品が多数存在するジャンルは、「先生業」や「メンタービジネス」といった個人レベルの事業を行なうための市場規模調査としては充分参考になります。

ここまでの作業が終わったら、いったんアマゾンのページは閉じて次に進みます。

②「まぐまぐ」でライバル数をチェックする

次に、日本最大のメールマガジン配信スタンドである「まぐまぐ」にアクセスして、ライバル数をチェックします。

これはとても簡単な作業で、さきほどアマゾンを検索して作成したメモ（エクセル等）に記入した**ジャンル名を、ひとつずつまぐまぐで検索していくだけ**です。

・まぐまぐ　http://www.mag2.com/

まず、まぐまぐにアクセスすると、トップページの上の方に検索窓がありますので、そこにひとつずつジャンル名を入力して検索します。

さきほどの例であれば「スピーチ」「話し方」「ダイエット」という具合です。

仮に「スピーチ」であれば、遷移した先の画面で「キーワード：スピーチ　13誌見つかりました」といった形で検索結果が表示されます。

この「13誌」というのが、まぐまぐ内で発行されている「スピーチ」に関連したメルマガ数となりますので、この数字をメモします。さきほど作成したメモ（エクセル）のスピーチの欄に並べて記入しておくと良いでしょう。

なお、エクセルを使用する場合は、左端にジャンル名、その右に数字が並ぶようにすると見やすくなりますので、この時点でセルの並べ変えをしておきます。

また、エクセルの一番上の行に「ジャンル」「本の数（アマゾン）」「メルマガ数（まぐまぐ）」など、項目名を記入すると、さらに見やすくなります。

メールマガジン数を記入したら、すぐに次のジャンルを検索し、メモに書き出した全て

まぐまぐでライバル数をチェック

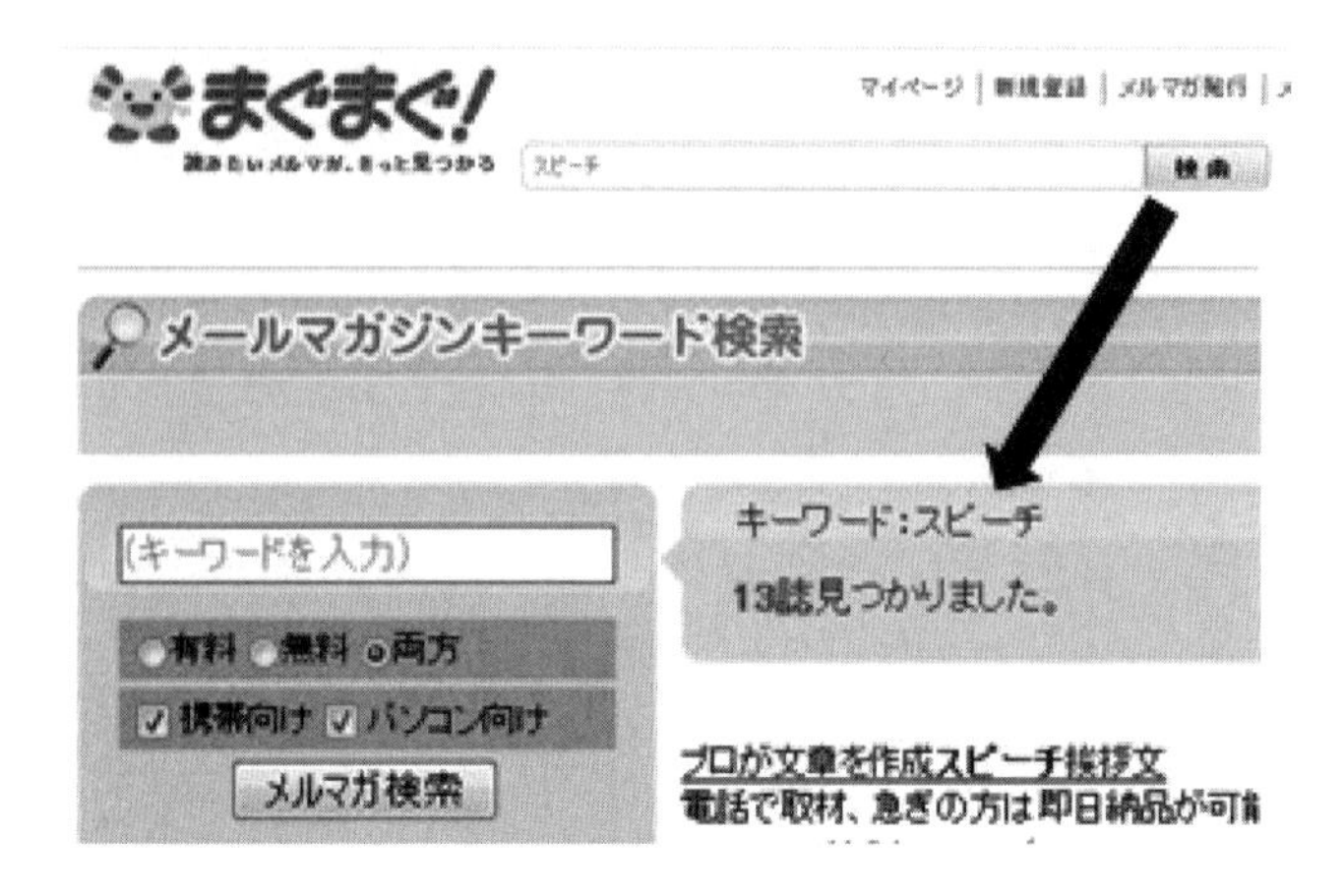

	A	B	C
1	ジャンル	本の数(アマゾン)	メルマガ数(まぐまぐ)
2	スピーチ	3,920	13
3	話し方	2,635	43
4	ダイエット	9480	438
5	マーケティング	22,053	434
6	セールス	9,913	85
7	営業	102917	360
8	実践	27690	996
9	ハウツー	332	11
10	広告	7138	188
11	宣伝	5746	53
12	手紙	9015	188
13	文章	9789	164
14	書き方	5648	51
15	商品開発	5676	32
16	所作	147	3
17	作法	5835	16
18	企業経営	30853	64
19	起業	4353	648
20	開業	1713	159

のジャンルを検索します。そして、まぐまぐ内で発行されている各ジャンルのメールマガジン数を全てメモに記入します。

このように数字を並べてみると、本＝書籍の出版というハードルの高い商品が存在する市場の割に、メールマガジン＝情報発信をしたい人（ライバル）の数が比率的に少ない、多い、といった傾向を知ることができます。

これだけでも、かなり有益な「自分だけの市場調査データ」となりますが、さらに「参入のしやすさ」「ニッチ化のしやすさ」を調査していきます。

市場チェック作業は次のステップで終了です。頑張りましょう。

③「インフォトップ」で参入のしやすさ、ニッチ化のしやすさをチェックする

市場チェックの最後に「インフォトップ」というサイトでまぐまぐと同様の検索作業を行ないます。

インフォトップについて詳しくは後述しますが、一言でいうと「情報商材販売サイト」です。

情報商材というのは、主にＰＤＦ形式など一種の電子書籍等を指しますが、電子書籍に

限らず、音声コンテンツ、映像コンテンツなどもあります。一般の書籍ともメールマガジンとも異なる有料コンテンツで、次のような特徴があります。

・何かの分野に少し詳しい程度の個人でも気軽に商品開発ができる
・一般の書籍にするにはニッチすぎるジャンルの商品が多い
・ジャンルがニッチなため価格設定の高額な商品が多い

情報商材にはこのような特徴があるので、情報商材を取り扱う会社として国内最大手のインフォトップに登録された商品をチェックすると、「個人でも参入しやすいジャンル」「ニッチ化のしやすいジャンル」を知ることが出来ます。

それでは早速、実際にチェックしてみましょう。

・インフォトップ　http://www.infotop.jp/

インフォトップにアクセスすると、まぐまぐ同様、トップページの上の方に検索窓があります。

この検索窓に（先程まぐまぐでチェックした時と同じように）エクセル等にメモしてお

ニッチ化のしやすさもチェック

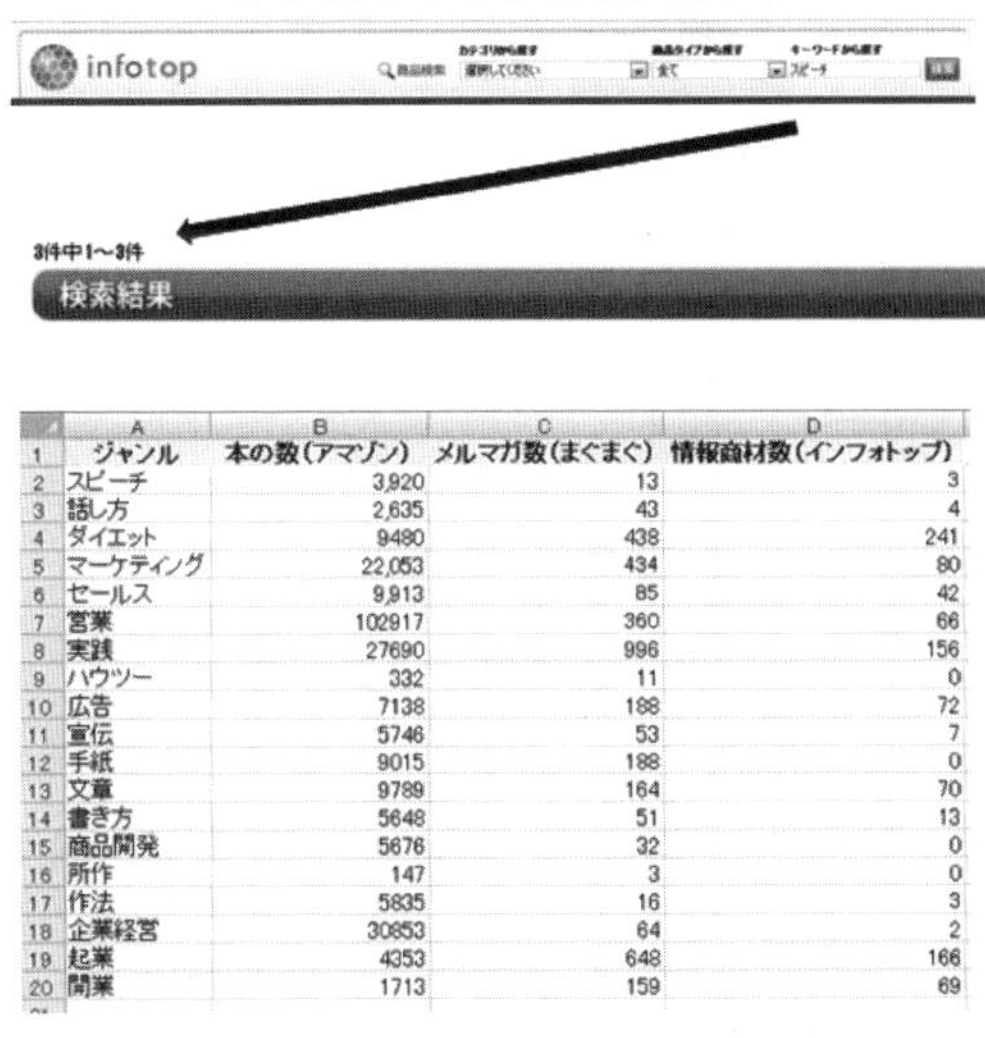

	A	B	C	D
1	ジャンル	本の数(アマゾン)	メルマガ数(まぐまぐ)	情報商材数(インフォトップ)
2	スピーチ	3,920	13	3
3	話し方	2,635	43	4
4	ダイエット	9480	438	241
5	マーケティング	22,053	434	80
6	セールス	9,913	85	42
7	営業	102917	360	66
8	実践	27690	996	156
9	ハウツー	332	11	0
10	広告	7138	188	72
11	宣伝	5746	53	7
12	手紙	9015	188	0
13	文章	9789	164	70
14	書き方	5648	51	13
15	商品開発	5676	32	0
16	所作	147	3	0
17	作法	5835	16	3
18	企業経営	30853	64	2
19	起業	4353	648	166
20	開業	1713	159	69

いたジャンルのキーワードを入力して検索します。

なお、インフォトップの場合は「カテゴリから探す・選択してください」「商品タイプ・全て」という検索条件の絞り込み機能が付いていますが、これはデフォルト状態の「カテゴリから探す・選択してください」「商品タイプ・全て」のままにしておきます。

絞り込み機能を使用してしまうと検索結果が極端に少なくなってしまうので、必ずデフォルト状態（何も絞り込んでいない状態）で検索するように注意します。

すると、画面左側のやや下のあたりに「検索結果　3件中　1～3件」といった形で検索結果が表示されますので、この「3件」という検索結果（商品数）をメモします。

この数字のメモは、アマゾン、まぐまぐの検索結果と並べてエクセル等に記入します。

この作業を自分の知識・経験の棚卸シートを眺めながら、関連性のありそうなジャンルで次々と行ない、全てのジャンルの検索結果（商品数）をメモします。

この作業が終わると、ついに、

「あなたの知識・経験に関連した市場のチェックリスト・調査データ」

という、あなたの中に眠る金脈の在り処を示す地図、すなわち「あなただけの宝の地図」の完成です。

宝の地図を完成させる

～集めたデータから本命を導き出す～

さて、宝の地図は完成しました。

ただし、残念ながらこの地図に「答え」は記されていません。この地図に記されているのは、あくまでもヒントだけです。

では「答え」はどこに記されているのか？

それは「あなたの心の中」です。


今回作成したリスト、これを「金脈リスト」と呼ぶことにします。

この金脈リストは、棚卸されたあなた自身の知識・経験から、あなたが今までの人生で関心を持ってきたことに関連するジャンル・分野の市場規模、ライバル数、参入のしやすさ、ニッチ化のしやすさが数値化されたものです。


この数値をもとに、例えば「メルマガ数（まぐまぐ）÷本の数（アマゾン）」を計算してみると、大まかな**「市場規模に対するライバル数の割合」**が見えてきます。

また「情報商材数（インフォトップ）÷本の数（アマゾン）」を計算してみると、大まかな**「市場規模に対する参入のしやすさ、ニッチ化のしやすさ」**が見えてきます。

さらに「情報商材数（インフォトップ）÷メルマガ数（まぐまぐ）」を計算してみると、大まかな**「ライバル数に対する参入のしやすさ、ニッチ化のしやすさ」**が見えてきます。


具体的な例としては、著者の金脈リストで「メルマガ数÷本の数」＝「市場規模に対す

完成した金脈リスト（著者の例）

	A	B	C	D	E	F	G
1	ジャンル	本の数（アマゾン）	メルマガ数（まぐまぐ）	情報商材数（インフォトップ）	メルマガ数÷本の数 市場規模に対する ライバル数の割合	情報商材数÷本の数 市場規模に対する 参入・ニッチ化のしやすさ	情報商材数÷メルマガ数 ライバル数に対する 参入・ニッチ化のしやすさ
2	スピーチ	3,920	13	3	0.33%	0.08%	23.08%
3	話し方	2,635	43	4	1.63%	0.15%	9.30%
4	ダイエット	9480	438	241	4.62%	2.54%	55.02%
5	マーケティング	22,053	434	80	1.97%	0.36%	18.43%
6	セールス	9,913	85	42	0.86%	0.42%	49.41%
7	営業	102917	360	66	0.35%	0.06%	18.33%
8	実践	27690	996	156	3.60%	0.56%	15.66%
9	ハウツー	332	11	0	3.31%	0.00%	0.00%
10	広告	7138	188	72	2.63%	1.01%	38.30%
11	宣伝	5746	53	7	0.92%	0.12%	13.21%
12	手紙	9015	188	0	2.09%	0.00%	0.00%
13	文章	9789	164	70	1.68%	0.72%	42.68%
14	書き方	5648	51	13	0.90%	0.23%	25.49%
15	商品開発	5676	32	0	0.56%	0.00%	0.00%
16	所作	147	3	0	2.04%	0.00%	0.00%
17	作法	5835	16	3	0.27%	0.05%	18.75%
18	企業経営	30853	64	2	0.21%	0.01%	3.13%
19	起業	4353	648	166	14.89%	3.81%	25.62%
20	開業	1713	159	69	9.28%	4.03%	43.40%
21							

るライバル数の割合」を計算すると、「企業経営」が0・21％で、19ジャンルの中で最も市場規模の割にライバル数が少ないジャンルとなります。

ただし、同時に「市場規模に対する参入・ニッチ化のしやすさ」も0・01％で19ジャンル中16番目に低くなり、「ライバル数に対する参入・ニッチ化のしやすさ」も3・13％で19ジャンル中16番目に低くなります。

つまり、市場規模に対してライバル数は少ないけれど、参入・ニッチ化もしにくいジャンル・分野ということになります。

こうした客観的な数字を前にすると、自分が「企業経営」というジャンルにどれだけ興味や関心、熱意や情熱を持てるのか？　が問われることになります。

もし私が企業経営に熱意や情熱を持てるのならば、

私の心の声は「市場規模の割にライバルが少ないから、頑張って参入してみよう。参入してニッチ化できてしまえば、後は俺の独壇場だ！」と、自分に告げるでしょう。

逆に、もし私が企業経営に熱意や情熱が持てないのであれば、私の心の声は「市場規模の割にライバルが少ないかもしれないけどさ、そのぶん参入したりニッチ化するのが大変なわけだろ。それは嫌だなぁ」と、自分に告げるでしょう。

これは、どちらが良いとか、悪いとかいう問題ではありません。本人にとっては、どちらも正解なのです。

当たり前の話ですが、「市場規模が大きいのに、ライバルが少なく参入しやすい（ニッチ化もしやすい）」というジャンルは存在しません。つまり「楽して儲かる仕事」というのはこの世にないのです。

ただし、市場の大きさ、ライバルの多さ、参入・ニッチ化のしやすさの、どこに「チャンス」や「やりがい」を感じるかは人それぞれです。また、興味や関心、熱意や情熱が続く限り、その人は自分の仕事を楽しむことができます。

つまり、興味や関心、熱意や情熱を持って「楽しめるジャンル・分野」こそが、あなたにとっての金脈であり、宝なのです。

そう、あなたが作成した金脈リストは、あなたが自分の「心の声」を聴くためのヒントであり、試金石であり、リトマス試験紙です。


もし、この金脈リストを前にして、あなたの心の声が、

「このジャンル・分野で自分が先生になったりメンターになれたら素敵だなぁ！」

と囁いたなら、そのジャンル・分野こそが、あなたの進むべき道です。

もし、ピンとくるものが1つも無ければ、もう一度「知識・経験の棚卸し」からやり直してみて下さい。

棚卸しとリサーチの作業を根気良く続けていれば、最後には必ず先生やメンターになりたくてワクワクするような、「あなただけの金脈」を見つけることが出来ます。

なお、本書の読者限定特典として、計算式が入力済みの「金脈リスト」エクセルシートをダウンロード出来るようにしてあります。ぜひ、ご活用ください。
・あなたの「金脈リスト」作成用シート
http://motokiren.jp/book/5

ステップ4

仲間と共にさらなるトレジャーハンティングへ

～ジョイントベンチャー（JV）・テクニック～

金脈リストで自分が「先生」「メンター」として進むべきジャンル・分野が見つかったら、早速そのジャンル・分野に関するフロントエンドを作成し、リスト集めを開始しましょう。そして、そのリストとコミュニケーションを取りながら、コンテンツビジネス、セミナー、コンサルといった商品を開発していきます。

しかし、この段階で「自分の進みたい道＝ジャンル・分野は明確になったけど、最初のフロントエンドすら自分のスキルでは作れない」もしくは、「フロントエンドとなるコンテンツは作れたけど、思うようにリストが集まらない」という人も中にはいると思います。

このような場合、有効なのが「**JV戦略**」です。

現在の自分のスキルでは自分の生徒になってくれそうな見込み客を集められない場合、解決策が2つあります。

1つめの解決策は、自分のスキルを高めてから、再度フロントエンドを作成してリスト集めを開始すること。**もう1つは「すでにスキルを持っている人と組むこと」です。**

この「すでにスキルを持っている人と組むこと」を「JV（ジェイ・ブイ。ジョイント・ベンチャーの略）」と言います。

本書で紹介しているリストマーケティングの概念は、世の中のほとんどの人が知りません。そのため、高い能力やスキルを持っているにも関わらず、その才能や素晴らしい実績を埋もれたままにしている人が大勢います。

一方、本書をここまで読んだあなたは、すでにリストマーケティングの概念を理解しているはずです。

もし仮に今の段階で理解が不十分だったとしても、本書を何度も繰り返し読み、本書に付属している特典をしっかりと活用して学べば、早ければ1週間ほどでリストマーケティングの概念をかなり深いところまで理解できることでしょう。

すると、あなたは「リストマーケティングについては理解しているけれど、その知識を先生業に活かすためのスキルが足りない状態」という訳です。

そこで、「先生としてのスキルはあるけれど、リストマーケティングを知らない人」を探し出し、**お互いを補いあうJVパートナーとして組む**のです。

場合によっては「リストマーケティングについては何となく知っているけど、実際にリストを集めたりするところまで手が回らない」という人に対して、あなたが便利屋のように手助けをしてあげるという関係でも良いでしょう。

とにかく、あなたは現時点においてリストマーケティングの知識を持っている（持つことができる）のですから、それを活かさない手はありません。

JVパートナーを見つける方法

具体的な「JVパートナーを見つける方法」としては、

- ・知人の中から探す
- ・知人の伝手を頼り、紹介してもらう
- ・メルマガを発行している人の中から探して連絡する
- ・情報商材を発売している人の中から探して連絡する

・本を出版している人の中から探して連絡する

といった方法が考えられます。（案外、知人や知人の伝手を頼るだけで見つかることも多いです）

ＪＶパートナー候補とする人は、当然ながら将来的にあなた自身が「先生」「メンター」として進むべきジャンル・分野において、あなたよりもそのスキルに秀でた人です。

また、お金の絡むビジネスとしての人間関係になるので、社会人として、また人としてなるべく相性の良さそうな人を探してください。

そして、あなたのＪＶパートナーとして相応しい人を見つけたらアプローチをします。

当然、こちらからお願いをする立場ですので、礼儀正しく、失礼のないように連絡してみましょう。

なぜ、あなたがその人を知るに至ったか、なぜ連絡をするに至ったかの経緯や理由が伝わるとより良いです。

そして、単刀直入にあなたがその相手とビジネスでＪＶパートナーを組みたいと思っていること、また、その人があなたと組むことによって得られる利益やメリットを、なるべく相手に分りやすく伝えます。

ここで、変に格好つけたり、見栄を張って自分を大きく見せる必要はありません。ただ率直に、あなたが彼（彼女）の持っているスキルに対して尊敬していること、そして、あなたが本書で学んだ先生業・メンタービジネスの魅力や、リストマーケティングの可能性について伝えれば良いのです。

参考までに、メールで連絡を取る場合の文章例を載せておきますので、文章を考えるのが面倒な場合は、これを自分なりにアレンジするなどして活用してください。

〇〇様

はじめまして、突然のメールにて失礼いたします。

私は、〇〇〇〇（名前・フルネーム）という、現在△△（あなたのジャンル・分野）でビジネスを行ないたいと考えている者です。

△△のジャンル・分野でビジネス活動を行なうにあたり、本木練という人の『メンター、講師、先生になって180日で1000万円稼ぐ方法（本書のタイトル）』という本を勉

強したところ、リストマーケティングを用いれば１０００万円単位の収益を上げるのは可能だと考えております。

ただ残念なことに、私自身△△に大変強い興味関心、情熱を持って取り組んでいるものの、現時点において△△のジャンル・分野で専門家として活動できるだけのスキルが足りていません。

そこで△△の分野で大変素晴らしい実績（もしくはスキル・能力など）をお持ちの○○様とビジネスパートナーシップを結び、○○様が△△の専門家（講師や先生）として活躍されるのを私がマーケティング的にお手伝いする形で、共同プロジェクトを一度試させて頂けないかと考えております。

なお、この共同プロジェクトを始めるにあたり、私から○○様に金銭的な請求をすることは一切ありませんし、もしプロジェクトを通じて万が一収益が上がらなかったような場合でも、私から○○様に何か金品の請求をするようなことも一切ございません。

そういった点につきましては必ず事前の打ち合わせの上、双方納得して進めさせて頂きますので、ご安心頂ければと思います。

もし、この件に関してご検討頂けましたら、お礼に私がリストマーケティングについて学んでいる本『メンター、講師、先生になって１８０日で１０００万円稼ぐ方法（本書のタイトル）』を当方にて送料負担でお送りさせて頂きます（無料で差し上げます）。

なぜなら、私がどのようにビジネスを進めていこうと考えているのか認識の共有にもなりますし、○○様ご自身のビジネスにも役立つことがあると思うからです。

突然のメールで、かつ長文にて失礼いたしました。

共同プロジェクトの件、何卒ご検討頂けましたら大変嬉しく思います。

ご質問等ありましたら、ぜひ遠慮なくお問い合わせ下さいませ。

それでは今後とも、どうぞ宜しくお願いいたします。

○○○○（あなたの名前）
連絡先

以上のようなメールを、ＪＶパートナーとして組みたい相手に送ります。

文章中に「本を無料であげます」という内容がありますが、これは相手にとって具体的に得することであり、それを受け取るに当たって大きな負担にならないものであれば何でも良いと思います。

もしかしたら「本だけ貰って後は無視するような人がいたらどうしよう」と思うかもし

れませんが、そういう人はほとんど居ません。

もし、運悪くそのような人に当たってしまっても「本1冊程度の経費で変な人を見分けられた」と考えてください。後々トラブルになることに比べたら安いものです。

なお、私自身もこのような手法で自分より圧倒的に実績のある方とＪＶパートナーを組ませて頂いたことがあります。

次にご紹介する高橋フミアキ先生は、文章術に関する書籍を多数出版され累計で30万部以上も売れているベストセラー作家ですが、全くの無名で実績も無い私からのオファーを心よく検討して頂き、その後、現在に至るまで大変親しくさせて頂いています。

ちなみに、高橋先生とのＪＶ教材は『高橋フミアキの出版デビューする方法』というものですが、この教材の作成やお付合いを通じて出版に関するノウハウを多数教えて頂き、私も今こうして出版デビューをすることが出来ています。

・『高橋フミアキの「出版デビューする方法」動画レッスン』
http://motokiren.jp/book/6

このように、本書でお伝えしているリストマーケティングを理解してしまえば、**自分にスキルや実績が無くてもJVパートナーを見つけることができ、速やかにビジネスを始めつつ、段階的に自分のスキルを高めることも可能となります。**

ここであえてJVについて補足します。JVというのは「ジョイント・ベンチャー」の略です。聞きなれない言葉でしょうから、まずはウィキペディアを引用してみます。

ジョイントベンチャーとは、戦略的提携のことを指すマーケティング用語である。合弁会社設立を指すジョイントベンチャーと目的は同じであるが、文脈によって区別される。ジョイントベンチャーは他社の持つ経営資産を利用する、若しくは自社の経営資産を他社に利用させることで、ジョイントベンチャー当事者双方の事業上の発展を狙う戦略的提携を指す。（以下略）

このように、文章でしっかり定義しようとするとどうしても難しい説明になってしまうのですが、要点としては、雇用関係によらないプロジェクト単位の業務提携・共同事業といったところです。

実は、メンターは「メンタービジネス（先生業を行なえる人の育成）を通じてJVパートナーを育成する仕事」でもあります。この点について説明します。

メンタービジネスは先生を育てる先生業という、ある意味スペシャリストを育てる仕事という側面があります。

そのため、なかには**「自分の育成した『先生』が、自分よりも権威を発揮するようになったら自分のビジネスが成立しなくなってしまうのでは？」**といった心配をする人がいます。

例えば、まず自分が「数学」を教える先生ビジネスで一定の成果を出し、その次に自分と同じように「数学を教える先生」を育てるとします。

そして、自分が育てた「数学の先生」に自分よりも数学の才能があった場合に、「もともとの自分のお客さん（数学の生徒）を取られてしまうのではないか。そのような事態になったら、ビジネスが根底から覆されて成立しなくなってしまうのではないか」という心配です。

大丈夫です。そのような心配はいりません。

実のところ、自分の育てた先生が、自分よりもその分野の先生業において才能を発揮することは間々あります。

そのため先生業に大きな「やりがい」や「生きがい」を見出していた人には、自分よりも優れた弟子（先生）の出現は、自分の「やりがい」や「生きがい」を奪う脅威のように感じられても仕方がありません。

しかし、メンタービジネスは一種の「プロデュース業」なので、**「自分を越える才能を持つ者の出現」は、喜ぶべきこと**なのです。

例えば、さきほどの例であれば、あなたは最初に数学の先生として「先生業」を始めました。次にメンターとしてその生徒の中から「先生」を育てました。

すると、その新米の先生は才能を発揮して、もともと彼の先生であったあなたよりも「数学の先生としての地位」が高くなってしまいました。

このときに、あなたには「メンター」として、次のようないくつかの選択肢が生じます。

・その新しい先生に、先生を育てる先生業（メンタービジネス）を伝授する「上級コンサル、コーチング等（の販売）を行なう

・その新しい先生に「一部の特別に見込みのある生徒だけに販売する上級講義の高額商品

第4章

の作り方や販売方法」のコンサル、コーチング等（の販売）を行なう
・自分の生徒に対して、その新しい先生でなければ教えられないような上級講座を紹介し、販売マージンを得る
・その新しい先生を育てた実績をもとに、他の教科（例えば国語など）で「先生業をやってみたい人」を探し、プロデュースするジャンルを拡げる

などです。つまり、自分を超える先生が出てくることは、自分のメンターとしての実績になりますので、「自分を超える先生を育てた＝一人前のメンターになれた」と考えるべきです。

あなたのビジネスのレベルが1ランクも2ランクも上がり、当然その分収入も上がりますので、とても喜ばしいことなのです。

金脈同士をリンクさせ、どんどん積もらせる
～「チリ積も戦略」リンキング・テクニック～

本書では「コンテンツビジネス」「コンサルタント業（コーチング、カウンセリング含

む）」「セミナー講師業」という、大きく3つのテーマでのビジネス構築を推奨しています。

これは、商品の形態を分散化することでビジネスの入り口を増やし、一番とっつきやすい所から始められるというメリットがあるからです。

しかし、メリットはそれだけに止まりません。商品形態を分散させることで「それぞれの商品が、別の商品のフロントエンドやバックエンドとして機能する」という、とても素晴らしいメリットがあるのです。

具体的には、あなたのコンテンツ商品の中で、さりげなくあなたのコンサル商品やセミナー商品を紹介することで、あなたの「コンテンツ商品そのものがフロントエンド」となり、同時にコンサルやセミナー商品は、「コンテンツ商品のバックエンド」として機能するわけです。

この戦略・テクニックの素晴らしい点が、さらにあります。それは、**最初から全ての商品が完成していなくても構わない**、という点です。

仮に商品が完成していなくても、ビジネスの初期段階から「最終的にはコンテンツビジネスも、コンサルも、セミナーも全部やる」と決めておくことで、**お客さんの声・ニーズ**

を吸い上げるアンテナの感度が上がります。

例えば、コンテンツ販売によって購入者となったお客さんへのフォローをする過程で「メールだとやりとりが煩雑だから、直接会って教えて欲しい」とか、逆に「先生と1対1のコンサルだと正直プレッシャーがきついから（お客さんが人見知りがちな性格だった場合によくある意見）、セミナーとか合宿みたいな1対多の形式で教えて欲しい。そして、できれば一緒に学べる自分と同レベルの仲間も欲しい」・・・といった、様々なニーズを敏感に感じとれるようになります。

お客さん側から明確に「個別コンサルをしてほしい」とか「セミナーをやってほしい」と提案してくれる場合もありますが、大抵このようなニーズは潜在的で、それほどはっきりとは認識されていません。

あなたの商品が完成していようがいまいが、お客さんのニーズが明確化されていようがいまいが、確実に言えるのは、

「コンテンツ化できる商品は、コンサル化も、セミナー化もできる」
「コンサル化できる商品は、セミナー化も、コンテンツ化もできる」

「セミナー化できる商品は、コンテンツ化も、コンサル化もできる」

ということです。

それは即ち、何か1つの金脈（商品）を見つけたら、その売上は3倍以上に増やせるということです。

意識をコンテンツ、コンサル、セミナー、この3つのテーマの隅々までアンテナを張り巡らすことで、最初の一つ目の金脈を探り当てる可能性が3倍となります。

最初の金脈を探し当てられる確率が3倍、そして、探し当てた金脈の売上を増やせる可能性が3倍ということは、どれか1つのテーマだけに絞っていた時と比べて、3×3＝9倍の経済効果となるのです。

コラム

インフォトップ（情報商材ASP）について

インフォトップとは、主にインターネット上で「情報商材」と呼ばれる商品を販売するASP（アフィリエイト・サービス・プロバイダ）の中で国内最大手の企業です。

インフォトップでは主に「アフィリエイター」と呼ばれる多数の販売協力者の存在によって、商品を一気に普及させることが可能です（アフィリエイト及びアフィリエイターについては後述します）。

また、インフォトップには**情報商材の決済代行会社**という側面があります。

これについては、あなたが情報商材を販売する販売者の立場で考えた方が理解しやすいので、そのように仮定して話を進めます。

インフォトップではクレジットカード決済、銀行振込決済、コンビニ払い、ちょこむ、その他ポイント決済などに幅広く対応しています。そのため、販売者であるあなたは情報商材の販売における入金確認作業をすべてインフォトップに代行してもらって自動化することができます。

当然、代行手数料として決済システムの利用料金が発生しますが、これは「何か一つ商品が売れる度に、その都度加算」される仕組みなので、システムの月額使用料などは掛りません。

また、販売したい商品の商品登録なども無料でできますので「**商品が売れたら、利益の中からシステム利用料が差し引かれる流れ**」になります。

ですから、原則的にあなたは自分の商品が売れた場合に諸経費の差し引かれた**利益をインフォトップから受け取ることはあっても、あなたからインフォトップに支払う、ということはありません**（インフォトップに広告を出稿する場合を除く）。

次に、インフォトップには、あなたが販売する商品が売れた場合に、情報商材の発送業務代行業者という側面があります。

これは、DVDや冊子などの「物」を扱う場合には自分で発送する必要がありますが、PDFやストリーミング配信などの「データ」を商品とする場合、商品販売と同時にインフォトップから購入者へ自動的にメールが送られて商品発送が完了する仕組みになります。

このため、データ形式の情報商材をインフォトップで販売する場合は、注文〜入金確認〜商品発送までの全てを、インフォトップに代行してもらって作業を自動化することができます。

なお、インフォトップでは冊子やDVDなど「物」の販売も可能ですが、この点について本書では割愛しますので、興味のある方はインフォトップに直接お問い合わせください。

アフィリエイトとは

次に、アフィリエイトについて説明します。

アフィリエイトというのは本来「提携」を意味する言葉ですが、インターネットビジネスの世界では「成功報酬型広告」「成果報酬型紹介販売手数料」及び関連するビジネスのことを指します。

例えば、次のようなキャンペーンを想像してみてください。

あなたが美容室に行くと「お友達紹介キャンペーン」がやっていて、あなたに「お友達紹介カード」が配られました。このカードには、あなたの会員番号が記入してあり、このカードを持参して新規に美容室に来てくれたお友達はカット代が500円引きになります。

そして、その新規のお友達を紹介したあなたも「次回のカット代が500円引きになる」というものです。

このようなキャンペーンが、アフィリエイトの原形となります。

右記のような美容室キャンペーンの場合、お店側は「**あなたの会員番号が記載された紹介カード」の存在により、どの新規客が誰からの紹介によるものかが紐づけられて**います。

この「紐づけ」作業がインターネットの出現により大規模かつ正確に行なえるようになったため、現在のインターネットビジネスにおいてアフィリエイトシステムが重要な意味を持つようになりました。

つまり、ある商品が誰の紹介（ブログやメルマガなどの広告）によって成約したかの記録がインターネットを通じて正確な記録として残せるため、**販売者はアフィリエイトシステムによって「成功報酬型」「成果報酬型」の後払いで、広告や紹介をしてもらえることができる**のです。

そして、インフォトップでは、こうしたアフィリエイトのシステムが高度に構築されているため、販売者は「どのアフィリエイターにいくら支払えば良いか」といった**報酬計算や実際の振込手続きなども行なう必要がありません。**

それらの作業もインフォトップが全て代行してくれるのです。

なお、アフィリエイターに支払うアフィリエイト報酬額も販売者側で自由に設定することが可能です。

例えば、アフィリエイト報酬額を（商品価格の）1％などの低額に設定し、インフォトップを**単なる決済代行業者や商品発送代行業者として使うことも可能**ですし、アフィリエイト報酬額を88％などの高額に設定してフロントエンド商品化し、**インフォトップを「フロントエンド商品を広める機関（「多数のアフィリエイターに紹介してもらうための機関）」**として使うこともできます。

インフォトップは情報商材を取り扱うASPとして国内最大手としての実績があり、2015年時点でのアフィリエイター登録数も20万人以上いるので、フロントエンド情報商材を販売する際にも、バックエンド情報商材を販売する際にも、重要なサービス業者となります。

なお、情報販売をしながら、その一方でアフィリエイターとして活動（他人の情報商材を販売）することも可能であり、私もアフィリエイターとして年間100万円～250万円ほどの報酬を得ています。

また、アフィリエイターの心理を理解するためにも、実際に自分でアフィリエイト活動を行なうのは大変重要な作業となります。

ぜひ、忘れないうちに登録しておくことをオススメします。

・インフォトップアフィリエイター登録

http://motokiren.jp/book/7

第5章

弟子や顧客を集める「最強のリスト」づくり

～「3つの必勝コンテンツ」作成術～

■無料で提供するものこそ力を入れよう

リストマーケティングでは、ビジネスを全体像として捉えるため、フロントエンドもバックエンドも同じように重要となります。

スーパーやデパ地下での試供品が不味ければ、当然その商品が売れないのと同じように、フロントエンドで手を抜くと後のバックエンドで成約率が下がってしまうからです。

逆に、無料で提供されるフロントエンドの満足度が高ければ（試供品を美味しいと思ったお客さんが買ってくれる確率が上がるのと同じように）、「無料や格安のものがこのレベルなのだから、有料商品の方はもっと凄いに違いない」と、バックエンドの成約率が上がります。

ですから、無料で提供するものこそ力を入れるべきなのです。

なお、これは一般的に「損して得取れ」という言葉を使う人が、言外に「お客様の誠実性に期待して、一生懸命奉仕しましょう」と伝えているような、精神論的な話ではありません。なぜなら、スーパーやデパ地下にお金を持たずにやってきて無料の試供品をタダ食いすることを目的とする人がいるように、インターネットの世界にも「決して買う気はないけれど、無料のものなら欲しい。なぜならそれが無料だから」といった、無料ハンターのような人が存在しているからです。

そんな無料ハンターを排除していくためにも、コンバージョンやLTVといった数字の分析をしっかりと行ないつつ、**ビジネス全体の設計図を意識しながら無料で提供するものに力を入れる**、ということが大切です。

しかし、無料で提供するものこそ力を入れようという考えに矛盾するようですが、私は弟子に「完璧な1商品より不完全な100商品を作りましょう」とも指導しています。

これはフロントエンドやバックエンド商品を手抜きで作れ、という意味ではなく、**明確なニーズが分からない段階で完璧主義に陥らないようにしよう**、ということです。

ニーズがわかった時点で最大限に力を入れれば良いのです。

さて、そのフロントエンド商品に最も適した「コンテンツづくり」の方法をこれよりお伝えしていきます。

たくさんの商品をつくるので、コストはかけられません。私は、「無料のコンテンツ」を作成してテストすることをオススメしています。

たくさん作るといっても、基本パターンは以下の3つです。

①ＰＤＦの無料レポート（無料レポートスタンドに登録）
②ビデオ動画（ＹｏｕＴｕｂｅにアップロード）
③プレセミナー

私は、この3つのコンテンツを必勝コンテンツと呼んでいますが、バリエーションは数限りなく作れます。

それではこれより、それぞれの詳しい説明と作成方法をお伝えしていきます。

必勝コンテンツ1

PDFの無料レポート

まず、無料レポートですが、単純にワードやエクセル、パワーポイント等で作ったレポートや資料をPDF化したもののことです。ページ数が増えると、電子書籍と呼ばれることもあります。

こういったPDFの無料レポートを、登録申請すればダウンロードできるようにしてくれるサイトがあります。そのようなサイトを無料レポートスタンドといいます。

そしてそのサイトを訪れた時、登録者（作成者）の無料レポートに興味を持ってくれた方がダウンロードすることにより、登録者はその方のメールアドレスを得られます。つまり、リストを作っていくことができます。

無料レポートスタンドは、その名の通り、登録者もダウンロードしたい人も、どちらも無料で利用できるようになっています。

無料レポートスタンドはいくつもありますが、実際に私がよく使っているサイトは次の通りです。

メルぞう　http://mailzou.com/

無料情報ドットコム　http://www.muryoj.com/

Xam（ザム）　http://xam.jp/

スゴワザ！　http://www.sugowaza.jp/

ラブワザ　http://www.lovewaza.jp/

まぐぞう　http://mag-zou.com/

激増　http://www.gekizou.biz/

無料レポート.net　http://mrrp.net/

イッキヨミ!!　http://www.ikkiyomi.jp/

info-zero（インフォゼロ）　http://info-zero.jp/

私自身、たった1つの無料レポートをこうした無料レポートスタンドに複数登録したことにより、最終的に1000以上の見込み客リスト（メールアドレス）を獲得できました。

しかし、そのような例は稀で、私は今までに50種類以上の無料レポートを発行しましたが、大体1レポートにつき数十リストから多くて200リストくらい集まるのが普通です。
また、無料レポートスタンドにいくつも無料レポートを登録していると、同じ読者さんから複数のレポートをダウンロードされることもあります。つまり、同じメールアドレスによる重複登録も含まれます。

ですから単純にリスト集め（見込み客集め）の手段として考えた場合、それほど効率的ではないと感じられるかもしれません。

それでも、未だに私が無料レポートの発行や無料レポートスタンドの活用を推奨するのは、**無料レポートの発行によって「コンセプトの決め方や、タイトルや説明文の書き方のトレーニングになる」**からです。

例えば、全く同じ内容の無料レポートでも、タイトルや説明文次第でダウンロード数が大きく変わります。

これは、全く同じ内容のノウハウや情報を紹介する無料レポートだったとしても、その無料レポートを「どんなコンセプトで紹介するのか」とか「どのようなキャッチコピーを使うのか」によって、結果が大きく変わってしまうことを意味します。

ビジネス書やコピーライティングの本を読むといったインプット作業も大切ですが、そ

第5章

のインプットした知識が本当に使えるようになっているかを知るためには、実際にアウトプット作業を通じて試してみなければ分かりません。

そのような「アウトプットの場」として無料レポートスタンドを利用することは、自分の無料レポートのダウンロード数（リスト化された見込み客）として、すぐさま結果を確認することができます。

無料レポートとはいえ、人は興味のないものに時間を割いてまでわざわざ読もうとは思いません。

つまり、実際に自分で無料レポートを発行して、そのダウンロード数をチェックすることで、自分のフロントエンドがどのように機能しているかを知ることができるのです。

しかも、**集まったメールアドレスはそのまま「リスト化された見込み客」としてあなたのビジネス資産になるので、最高のトレーニング方法**だと思います。

もちろん、そのリストに対してすぐに何か売り込み（バックエンド）を仕掛けても良いのですが、まず何よりも「いま自分はフロントエンドのテストを行なっている」という明確な認識をもって作業に取り組むことが大切です。

それでは実際に、無料レポートを使った、フロントエンド用のコンテンツ作成についてご説明します。

無料レポートは次の簡単な5ステップで作成することが可能です。

ステップ1 他人のレポートを読む
ステップ2 他人のレポートを紹介する
ステップ3 他人のレポートにコメントを付けてみる
ステップ4 他人のレポートに補足情報を付けてみる
ステップ5 元のレポートの原形をとどめなくなったら、オリジナルのレポートにする

では、それぞれのステップについて解説していきます。

ステップ1 他人のレポートを読む

まず、何でも良いので興味の持てそうな他人の無料レポートを選び実際にダウンロードして読んでみます。

注意点として、無料レポートの発行者によっては、後にスパムメールを送りつけてくる

人もいますので、信用できるかわからない人のレポートをダウンロードする際には、無料レポートダウンロード用のメールアドレス＝いわゆる捨てアドレスを作成し、そのアドレスに届くようにするとよいです。

この時、最初にチェックすべきポイントは**「なぜ自分がそのレポートを読もうと思ったのか」**です。

具体的にはタイトルと説明文をチェックし、その文章をそのままコピーしてテキストファイル等に貼り付けて保存しておきます。そして、その下に「自分が気になった部分」を簡単にメモ書きします。

こうすることで心理的に効果のあるタイトルや説明文を書く時の参考にもなりますし、数字や言い回しを変えることで、そのまま使えるテンプレートにすることもできます。

ステップ2　他人のレポートを紹介する

次に、読んでみたレポートを紹介するコンテンツ（具体的にはメルマガやブログの記事原稿）を作成します。これは、無料レポートスタンドの仕組み上、他人のレポートを紹介しながら、最終的に自分のリストも増やすことができるからです。

まずは、そのレポートの特徴（ページ数、書いてあるテーマ、他の類似するレポートと違う点など）について書き出します。客観的な事実を並べるような感じになりますので、簡単な箇条書きでも構いません。

ステップ3　他人のレポートにコメントを付けてみる

次に、そのレポートに対する自分なりのコメントを付けます。

自分が読んだレポートを第三者に紹介するという観点から、客観的事実をもとにしつつ、読んでみた感想などの主観的な要素を取り入れていく感じです。

この時「ためになった」「面白かった」などの一言で終わらせるのではなく、「どの部分が、どのようにためになったのか」「どの部分がどのように面白かったのか」、そして「その結果、自分がどうなったのか」といったことを盛り込むようにします。

文章のトレーニングをする意識を持ってこの作業を続けると、最初は難しくても、だんだんコツがつかめてきます。

ステップ4　他人のレポートに補足情報を付けてみる

次に、読んだレポートに補足情報を付け足してみます。

例えば「○○の点について、少し物足りなかった」とか「□□の資料が少し分かりづら

第5章

かった」という部分があれば、その点について補足する資料を作成するのです。

ステップ5 元のレポートの原形をとどめなくなったら、オリジナルのレポートにする

ステップ4の補足作業を進めるうちに、元のレポートよりも補足情報の方がボリューム的に多くなり、だんだんと原形を留めなくなることがあります。

この現象は「元のレポートのコンセプトは良いのだけれど、最終的に自分の得たい情報としては物足りなかった」「そのレポートを読むことで得たいと思っていた結果が満足に得られなかった」という場合に起こりがちです。

そのような場合に、自分の補足情報の部分を元のレポートと分離させ、別のタイトルを付けることで、あなたのオリジナルのレポートが出来上がります。

以上、1~5のステップを順番にこなしていくと、最初は何をどう書けば良いかさっぱり分からなくても、次第にコツが掴めて、徐々に自分のオリジナルレポートが作れるようになります。

さらに慣れてくると、いきなりステップ5の段階から、オリジナルのレポートを作るこ

できます。

初心を取り戻したい時には、ステップ1から段階を追って作成することでマンネリを打破

とができるようになります。また、一連の作業に慣れて「ネタが尽きた」と感じた時や、

続いて完成した無料レポートを今度は世間に認知させる必要があります。

さきほどご紹介した無料レポートスタンド（「メルぞう」「無料情報ドットコム」「Ｘａｍ（ザム）」・・・など）に、どんどん登録してください。

また、もし短期間で一気にリストを集めたいならば、その無料レポートの内容に関連する分野で人気のあるメルマガに紹介をお願いしてみましょう。

お願いしたいメルマガ発行者も無料レポートを登録している場合、自分のメルマガでも相手の無料レポートを紹介する「相互紹介」の提案ができます。

しかし、相手先のメルマガが相互紹介を受け付けていないケース、受け付けていても双方のメルマガ発行部数に差がありすぎると、当然ながら断られることもあります。

そのような場合、メルマガ広告として有料で紹介してもらうのも手段のひとつです。

なお、本書の読者様に限り、あなたの無料レポートが完成したら、「本の購入者です！」

と記載してメールを送って頂ければ、優先的に無料で私のメルマガでご紹介させて頂きます。

読者専用無料レポート紹介申請ＵＲＬ

http://motokiren.jp/book/8

私のメルマガの内容でニーズのある方はお気軽にご連絡ください。多少ジャンルが違っても、できる限り読者が集まるように宣伝させて頂きます。

・本木練のメルマガ１

http://motokiren.jp/book/9

・本木練のメルマガ２

http://motokiren.jp/book/10

必勝コンテンツ
2 ビデオ動画

2つ目のコンテンツとして、ＹｏｕＴｕｂｅを利用したフロントエンドのアイテム作成について説明します。

ＹｏｕＴｕｂｅを使った動画も、先の無料レポートと同様、フロントエンドのテストとして非常に効果的な戦術です。ＹｏｕＴｕｂｅを単なる動画サイトだと考えている人が多いのですが、実はＹｏｕＴｕｂｅというのは「検索サイト」としての機能を備えています。

検索サイトというと、ＹＡＨＯＯ！（ヤフー）やＧｏｏｇｌｅ（グーグル）を思い浮かべるかと思いますが、実はＹｏｕＴｕｂｅは、２０１５年現在グーグルに次ぐ世界第二位の巨大検索サイトとなっています。つまり、ＹｏｕＴｕｂｅでは毎日ヤフーよりも数多くの検索が行なわれているということです。

現状では、このように「ＹｏｕＴｕｂｅ＝検索サイト」という認識を持っている人が少ないため大きなチャンスになります。

フロントエンドのテストとして、ＹｏｕＴｕｂｅを実際にどのように活用するかですが、その方法は非常に簡単です。

ステップ1 メールアドレス収集用の登録フォームを作成する
ステップ2 情報コンテンツとなる動画を作成する
ステップ3 登録フォームのＵＲＬを貼り付けてＹｏｕＴｕｂｅに動画を公開する

この、たったの3ステップです。とはいえ、まだ一度もＹｏｕＴｕｂｅに動画をアップロードしたことが無い人や、そもそもメールアドレス登録用のフォームの作り方がわからない、という人もいると思いますので、これについても説明します。

ステップ1 メールアドレス収集用の登録フォームを作成する

まずは、あなたの作った動画視聴者の中で、「さらに詳しい情報が欲しい！」という方へ向けて、問い合わせ先（メールアドレス収集用のフォーム）を作っていきます。
エキスパートメール、アスメル、ＪＣＩＴＹ等の独自配信型メルマガ配信サービスを契約すると、専用のメルマガ登録用フォーム（メールアドレス収集用フォーム）を作成することができるようになります。

インターネットで検索すると無料で作成できるフォームもありますが、使い勝手が悪かったり、広告を入れることを条件にされたり・・・といった制限が多くなります。

なにより無料フォームの場合、後述の「**自動返信機能**」や「**ステップメール機能**」が使えません。

ですから、ある程度リスト（メールアドレス）が集まるようになってきたら、独自配信型有料メルマガ配信サービスの導入を検討しましょう。目安としては、月間のリスト増加数（新規メールアドレス登録数）が50件を超えたら導入時期です。

もちろん、月数千円程度のランニングコストが問題にならない方は、リスト増加数に関わらず最初から導入して頂いて構いません。

私は『エキスパートメール（クラウド）』を使用していますが、ご自身で料金設定や使い勝手などを比較して選ぶようにしてください。

・エキスパートメール　https://expml.jp/
・アスメル　https://www.jidoumail.com/
・ＪＣＩＴＹ　http://www.jcity.co.jp/D_MM/

なお、**メルマガ配信サービスとして最も有名な『まぐまぐ』には、「自動返信機能」や「ステップメール機能」がありません。**

そのため、メルマガ単独のビジネス（メルマガ広告収入やメルマガ記事の書籍化を狙ったビジネス）が主目的でない本書では、**『まぐまぐ』を独自配信型メルマガ配信サービスとは別のものと考えます。**

以後の説明は、エキスパートメール、アスメル、JCITY等を念頭に置いたものとなりますのでご注意ください。

フォーム作成方法に関する具体的な操作方法等は各社のマニュアルを参照して頂くとして、「メルマガ登録用フォーム＝メールアドレス収集フォーム」を用いて、どのような流れ・仕組みを作るのかを説明します。

YouTube動画には図のような動画の説明欄がありますので、ここにメールアドレス登録用フォームのURLを貼り付けます。

このときに、例えば、「もっと詳しいお金儲け情報はコチラ（メルマガ登録フォームURL）」

実際のYouTube動画の説明欄

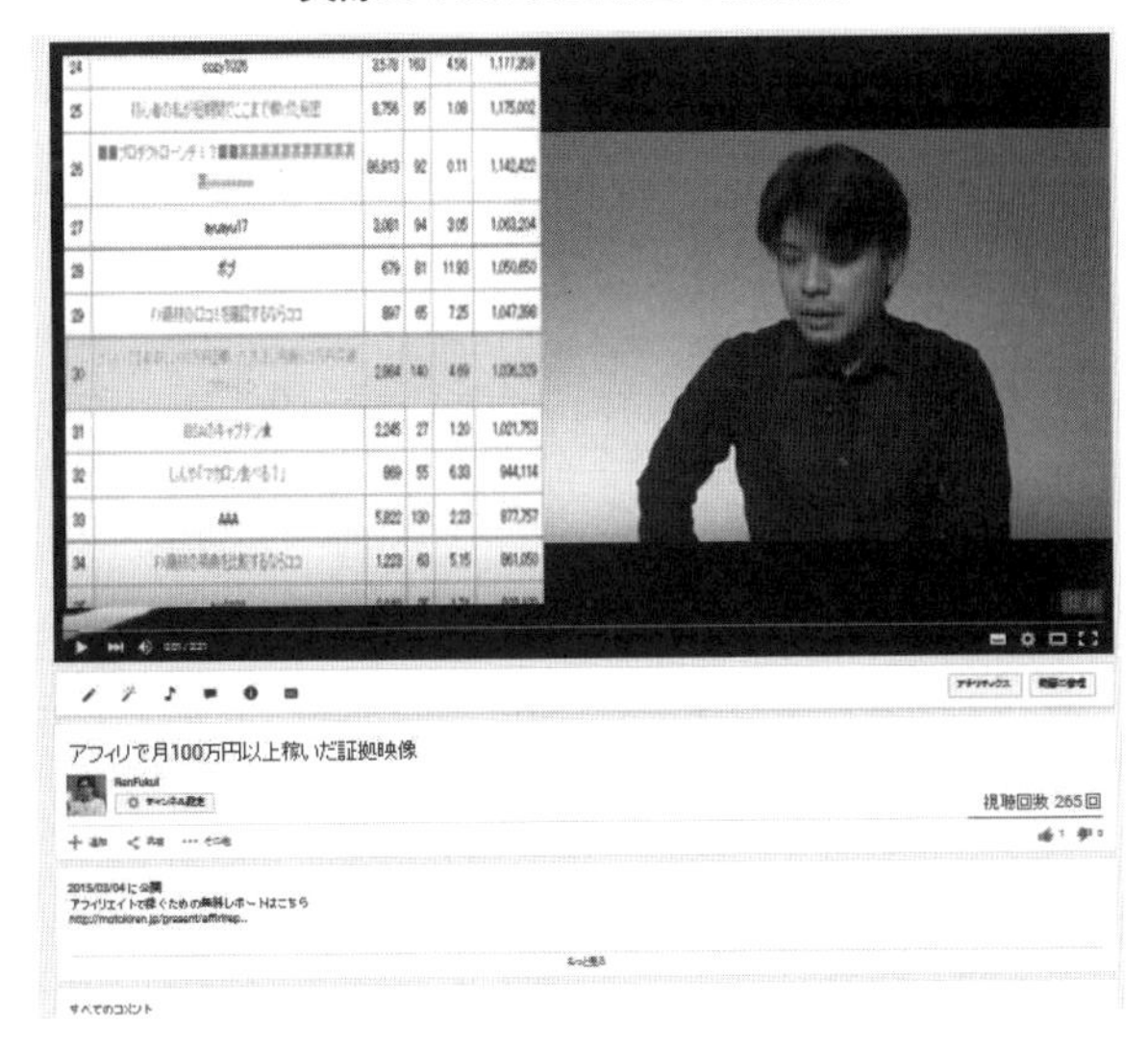

とか「ＹｏｕＴｕｂｅでは公開できない極秘情報はコチラ（メルマガ登録フォームＵＲＬ）」という風に、思わずＵＲＬをクリックしたくなる一文を記載します。

つまり、あなたの動画に興味を持った視聴者は、この動画に関するもう少し詳しい情報を求めて、何気なく（ほぼ無意識に）説明欄をチェックしますので、そのタイミングを逃さないようにするのです。

また、ＹｏｕＴｕｂｅ動画の説明欄は、デフォルト（「もっと見る」をクリックしていない）状態では、実質2行までしか表示されません。ですから、「興味をそそる一文」＋「フォームＵＲＬ」の2行で収まるようにします。

とはいえ、積極的に説明欄までチェックしてくれる人は少ないので、最初から動画の中に「詳しくは動画の説明欄をご覧ください」というメッセージを盛り込んでおくと効果的です。

なお、最近ではスマホでＹｏｕＴｕｂｅ動画を見るユーザーがかなり増えていますが、スマホの場合、動画と説明欄が別のページになってしまいます。

そのため、あなたの顧客対象となる人がスマホユーザーの場合、最初から動画の中に「詳しくは動画の説明欄をご覧ください」というメッセージを入れるのは、ほぼ必須の作業となります。

「自動返信機能」と「ステップメール機能」について

何ヶ月でも何年間でも定期的にメルマガを書き続けられる場合は良いのですが、これはかなり大変な作業です。

そこで、独自配信型メルマガ配信サービスの「自動返信機能」および「ステップメール機能」を活用して、非リアルタイムかつ短期的にメルマガを配信する方法について解説します。

まず、非リアルタイムとは、**あなたがメルマガ原稿を書き終わったタイミング（リアルタイム）ではないタイミングで配信する**、という意味です。

文章で説明すると複雑に感じるかもしれませんが、「自動返信メール」というのは「メルマガ読者が、そのメルマガに登録したタイミングで配信される原稿」となります。

つまり、発行者が（過去のある時点で）既に書き終えたメルマガ原稿を繰り返し配信しているものです。読者からすると自分が登録したタイミングで送られてくるので「リアルタイム」に感じますが、発行者にとっては「非リアルタイム」なわけです。

そして、この「非リアルタイムなメルマガ原稿」が**1通限りで終わった場合は「自動返**

動画の説明欄URLから飛んだ先

アフィリエイトで【月１００万円】稼いだレンによる
秘伝の【無料レポートＰＤＦ】請求フォーム

メールアドレス 必須 @を含んだ形式で、半角でご入力ください
お名前(姓) 任意 姓
お名前ふりがな 任意 せい(全角) めい(全角)
ご質問等あればどうぞ！ 任意
登録

信メール」となり、複数の原稿が段階的に送られる場合は「ステップメール」となります。

もう少し分かりやすいように具体例をあげて説明します。

151ページの図で出てきた『アフィリで月100万円以上稼いだ証拠映像』というYouTube動画の説明欄に、「アフィリエイトで稼ぐための無料レポートはこちら（URL）」という記載があり、そのURLをクリックすると、上の図のようなフォームページが開きます。

そして、この『アフィリエイトで【月100万円】稼いだレンによる秘伝の【無料レポートPDF】』に興味を持った人は、このフォームにメールアドレス等を入力して無料レポートを請求します。

すると、即時に（メール配信システムの自動返信機能で設定しておいた）無料レポートを配布するメールが送られます。

なお、この時点で、無料レポート配布者（この場合、アフィリエイトで**【月１００万円】**稼いだレンさん）の元には、レポート請求者のメールアドレスが見込み客リストとして構築されています。ですから、このレンさんは、読者がレポートを読み終わった頃合いを見計らって、有料版のコンテンツ、セミナー、コンサル等の商品を売り込むメールを送ったりすることができます。

ところで、このレンさんは、このままでは毎日無料レポートの請求状況をチェックしなければなりません。なぜなら、無料レポートの請求があったら、その都度、読者がレポートを読み終わる頃合いを見計らって、売り込みメールを送らなければならないからです。

そこで**「ステップメール」**の出番となります。

ステップメールとは、単純にいうとメルマガ登録のあったタイミング（この例の場合、無料レポートが請求された時）を起点として、1通目を登録直後、2通目を登録から24時間後、3通目を登録から48時間後、4通目を72時間後・・・という風に、任意のタイミングでメールが自動配信されるように設定できる機能です。

右の例では24時間毎に配信されるステップメールとして説明しましたが、10分間隔くらいの短い単位まで細かく設定できるようになっています。（実際にどれくらいの間隔で設定できるか、トータルで何通までのステップメールを送れるか、といったことについては、お使いになるメルマガ配信サービスよって異なります。各自でご確認ください）

ご理解頂けましたでしょうか？

このように、**「自動返信メール」「ステップメール」を活用することで、フロントエンド～バックエンドまでの流れを、自動的に機能する「仕組み化」できるのです。**

つまり、フロントエンドを行なった後に、1回だけバックエンドの売り込みをしたい場合は「自動返信メール」で良いですし、複数回に渡って売り込みたい場合には「ステップメール」を設定すれば良いわけです。

ちなみに、バックエンド商品が高額になるほど、見込み客（メルマガ読者）との深い信頼関係の構築が必要となります。

ですから、ステップメールの1通目でいきなり売り込みをするのではなく、例えば・・・

1通目：無料レポートを読んだ他の人の感想の紹介、2通目：無料レポートを読んだ他の人から寄せられた質問の紹介、3通目：2通目で紹介した質問に対する回答のシェア、4通目：無料レポートで悩みを解決した人が新たに直面した問題の紹介、5通目：4通目で紹介した新たに生じた問題や悩みを解決する方法の提案（商品の売り込み）・・・という風に、読者（見込み客）の「心理状態」「理解スピード」「決断までに要する検討時間」などを推測しながら、段階的にセールス（売り込み）を進めたりします。

おそらく、この項を読み始めた時に「YouTube動画なのにメルマガ？　メルマガなんて書けないよ！」と感じた人が多いのではないかと思います。当然、何カ月も何年もメルマガを書き続けるのは大変ですし、難しいことです。

でも、独自配信型メルマガ配信サービスの「自動返信機能」や「ステップメール機能」を活用して、**1通～数通程度のメルマガなら、頑張れば書けそうな気がしてくるのではないでしょうか。それも、自分のタイミングで、非リアルタイムに書き溜めていけば良いの**です。

このように、「自動返信機能」「ステップメール機能」を持つ独自配信型メルマガ配信サービスは、実のところメルマガやブログなどの「記事更新が苦手な人」ほど向いているツールなのです。

ステップ2 情報コンテンツとなる動画を作成する

動画は、撮影用のスタジオでプロ用のカメラを使って撮影し、プロ用の編集ソフトを使って作成できれば最高ですが、最初からそのようなクオリティを目指す必要はありません。まずは、iPhoneなどのスマホに付属のカメラでも構いませんし、中古のビデオカメラがあれば充分です。そういったすぐに用意できる機材を使って、とにかく「動画をアップする」という作業自体に慣れていきましょう。

動画のアップ（アップロード。動画を投稿して、多くの人が閲覧できるように公開状態にすること）を続けていれば、次第にスクリプト作りや編集のコツも掴めてくるものなので、まずは初めの一歩を踏み出すことが肝心です。

2～3個ほどの動画をアップしてみれば作業自体にはすぐ慣れるので、テストとしてアップした動画は恥ずかしければすぐ非公開設定に変更したり、動画自体を削除してしまっても構いません。

もし、あなたが今までに一度もYouTubeに動画をアップしたことがなければ、練

Windowsムービーメーカー

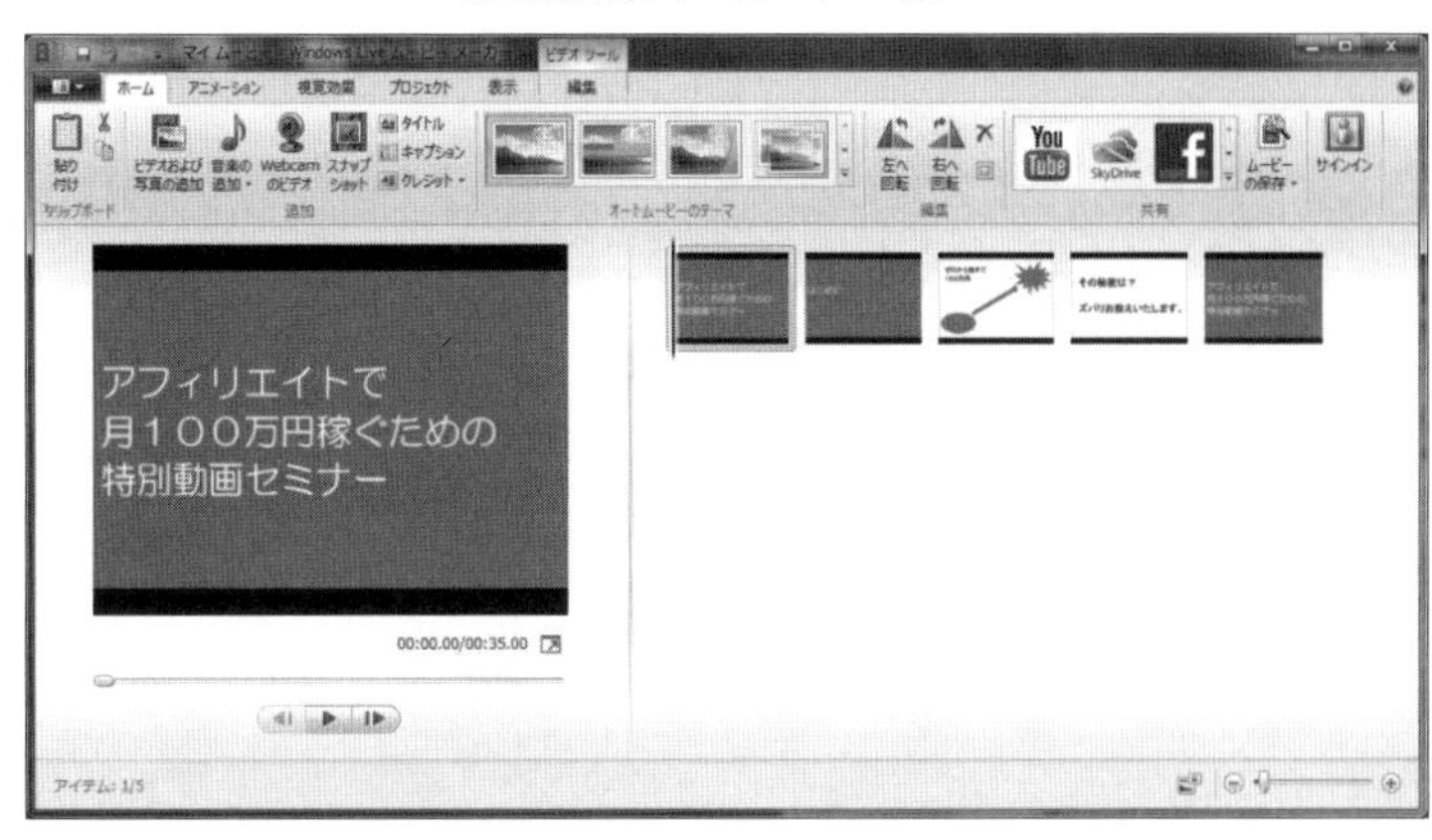

習がてら、1～2分の簡単な動画を、とにかくアップしてみることをオススメします。

作業に慣れたらフロントエンドとして機能する動画の作成に取り掛かります。

動画の作成・編集方法について細かく説明すると紙面が足りなくなるので、ここでは簡単なソフトの紹介にとどめます。

Windowsムービーメーカー

ウィンドウズのPCに最初からインストールされていることが多い無料で使える動画編集ソフトです。

あまり複雑な編集はできませんが、簡単な動画編集であれば、かなり感覚的に操作できます。

Audacity

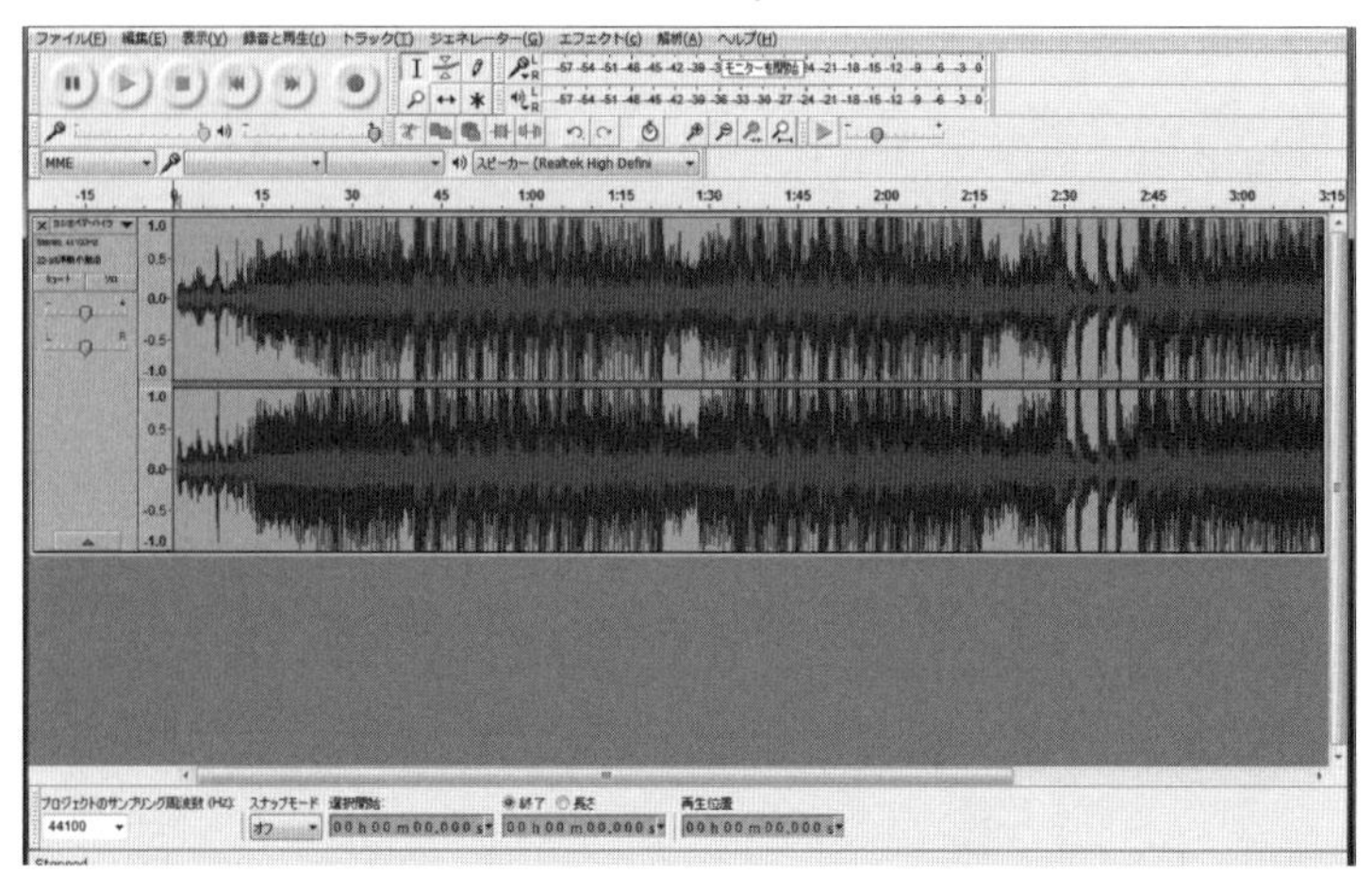

画像（静止画）を並べた画面とＩＣレコーダーで録音した音声を組み合わせると、簡単にスライドショー形式のセミナー動画を作成することができます。

Ａｕｄａｃｉｔｙ

音声を編集するための無料ソフトです。

スライドショー形式の動画セミナーを作成する際には、まず始めにＩＣレコーダー等で音声だけのセミナーコンテンツを作成し、その次に音声の編集を行ないます。そして最後に編集済み音声セミナーの進行に合わせて、画像を当てはめるようにするのがコツです。

音声が波形で表示されるので、最初はとっつきにくいかもしれませんが、多くのコンテンツビジネス起業家に使われているソフトです。

そのため、ネットで検索すれば詳しい使用方法が見つかりやすく、その点でオススメのソフトとなります。

入手方法も「Ａｕｄａｃｉｔｙ　ダウンロード」と検索すると、すぐに見つかります。

ステップ3　登録用フォームのＵＲＬを貼り付けてＹｏｕＴｕｂｅに動画を公開する

メールアドレス登録フォームを取得し、ＹｏｕＴｕｂｅへの動画のアップロード作業に慣れてきたら、メールアドレス登録用フォームのＵＲＬを動画の「説明欄」部分に貼り付けてＹｏｕＴｕｂｅに動画をアップします。

説明欄部分には、動画を見て興味を持った人へのメッセージとして「さらに詳しくはこちらの無料メルマガにご登録下さい」等と書き込んでおき、メールアドレス登録フォームに誘導します。

この時、さらに動画と関連したプレゼントを用意すると効果的です。

例えば、お金儲け系の動画であれば「世界の億万長者の格言集無料レポートＰＤＦ」を用意したり、効率よくダイエットをするための運動に関する動画であれば、「運動と組み合わせることでさらに効果的なお料理レシピ集ＰＤＦ」を用意したりする・・といった具合です。

ＹｏｕＴｕｂｅ動画用のコンテンツ作成方法

さて、ＹｏｕＴｕｂｅの活用の仕方はだいたいご理解頂けたと思いますが、実際にどんな内容の動画をつくるか？

基本的なコンテンツの作成方法は、無料レポートと同じになりますが、ＹｏｕＴｕｂｅは動画ならではのバリエーションがあります。

・あなたのセミナーを録画した動画（音声形式／スライドショー形式）
・あなたの強み（得意分野）について話した動画（1分／5分／30分）
・あなたのビジネス分野で価値あるものを実況、レポートする。例えば車関係なら高級車や臨場感あるドライブ風景、釣り関係なら珍しい釣り場、珍しい魚を釣るまで・・・など。本人が入っても入らなくても可。
・優良コンテンツの紹介。例えば人気書籍の紹介（一部を朗読）、最新雑誌の紹介など。

さらに、ＹｏｕＴｕｂｅ動画のＵＲＬを、あなたのＦａｃｅｂｏｏｋ、ＬＩＮＥ、Ｔｗｉｔｔｅｒなどに貼り付けることで、少しずつでもリストの増加が期待できます。

もし、あなたが何かの分野に特化したブログやメルマガを既に発行している場合、既存の読者にＹｏｕＴｕｂｅ動画を紹介すると再生回数が増えやすく、好意的な評価やコメントが付きやすくなります。

既存の読者さんに対しても、動画紹介という形で、いつもとは違った新鮮な記事や話題の提供にも繋がりますので、もし既に何らかの媒体をお持ちの場合は、ぜひＹｏｕＴｕｂｅ動画を組み合わせてみてください。

なお、有料コンテンツの紹介動画は、アクセスを集める上で非常に効果的ですが、注意が必要です。原文そのままを読んでしまうと著作権侵害の恐れもありますので、あくまでも紹介として読んでください。

例えば、自分の言葉に置き換える、少し読んでは感想を言っていくなどの配慮が必要です。

ちなみに、左記の私のレポートならいくらでも朗読しても構いませんので、良かったら参考にしてください。

・本木練　レポートのＵＲＬ
http://motokiren.jp/book/11

必勝コンテンツ3 プレセミナー

必勝コンテンツの３つ目は、「プレセミナー」です。

３章でもお伝えしましたが、先生ビジネス及びメンタービジネスにおいて、商品のニーズはお客さんとのコミュニケーションによって発見していく、という考え方が非常に重要です。商品のニーズはある程度事前に予測を立てますが、それはあくまでも予測に過ぎないからです。

逆に、例えば後述のドライテスト等によってニーズが明らかになり、「○○のテーマでセミナーを開催するべき」というテスト結果が出ているにも関わらず、そのテーマでのセミナー内容がまとまりそうにない場合があります。つまり、ニーズがあって売れることも儲かることも確定しているのに、その商品が作れない、という状況です。

そんなときは、**「プレセミナー」という形でお客さんを巻き込みながらセミナー内容（コンテンツ）を作成**してしまいます。

まず、本書におけるプレセミナーとは、セミナーの前のセミナーという意味で、具体的には「テーマやタイトルだけが決まっていて、基本的に質疑応答のみで構成されているセミナー」となります。

プレセミナーを開催する方法としては、以下の3つが基本となります。

- **プレセミナーであることを告知して募集する**
- **テーマに関するアンケートを事前に行なう**
- **無料ないし低額の料金設定にする**

例えば、儲かるメルマガの書き方というテーマにニーズがあると判明したものの、自分の見込み客となる人たちが「一体どのレベルの内容を求めているのか」が分らないと、セミナーの内容がまとまりません。

つまり、文章の書き方を知りたいのか、メルマガの配信方法を知りたいのか、今が旬のアフィリエイト案件を知りたいのか、今が旬のメルマガ広告出稿先を知りたいのか、メルマガ広告の受注方法を知りたいのか・・・が分からない場合です。

そのような場合に「儲かるメルマガの書き方を知りたい人が多いことは分りましたが、皆さんがどのような内容を知りたいかが分りません。そこで、より良いセミナーを実施するために、プレセミナーという形で質疑応答を基本としたセミナーを開催することにしました。このセミナーは、会場費として○○円だけご負担願いますが、実質無料でご参加頂けます」という風に告知します。

さらに、このプレセミナーへの参加者には、事前アンケートの提出をお願いしておきます。

当然、アンケート結果には参加者各自の知識レベルや興味関心に応じたバラツキが生じますので、これを難易度の低い順（より初心者と思われる人からの質問順）に並べかえ、ひとつひとつに回答・コメントをしていきます。

そして、プレセミナー当日は、あなたが事前アンケートについて回答・コメントしているところや、集まってくれたお客さんとの質疑応答の様子をビデオカメラで撮影したり、

ＩＣレコーダーで録音します。

こうすることで、その撮影動画を編集して動画コンテンツにしたり、音声のみのコンテンツにしたり、書き起こし作業を行なってＰＤＦの文書コンテンツにすることができます。

もちろん、プレセミナーを叩き台にして、しっかりとセミナーを練り上げれば有料セミナーの完成となります。

有料セミナー以外のコンテンツにする場合、プレセミナー全体を一つのものとして扱うこともできますし、部分部分を切り取って別々に扱うこともできます。**つまり、１回のプレセミナーで生まれたコンテンツをいくつものＹｏｕＴｕｂｅ動画にしたり、いくつもの無料レポートにすることができます。**

もし、そのままの状態でコンテンツ化が難しければ、何度もプレセミナーを繰り返せば良いですし、逆に、最初から完成度が高ければそのまま有料販売できるコンテンツになります。

このように、単純に「プレセミナー」という名前をつけて人を集めるだけで、簡単に使い勝手のよいコンテンツが作れてしまいます。なお、２章をしっかりと読んでくれた方には言うまでもありませんが、プレセミナーを開催した場合も懇親会を実施しましょう。

さて、ここまで、顧客を集めるリストマーケティング「3つの必勝アイテム」作成術としてお伝えしてきました。

大切なことは「あなたの理想とするライフスタイルから逆算して設計図を描き、その過程では小さくテスト」すること。

そして、時間や労力、そしてお金といったコストをかける際には、必ずテスト結果によるニーズの確認を行なってから、すなわち「絶対負けない後出しジャンケンの法則に従ってコツコツ歩みを進める」ということです。

これらのテクニックやノウハウは、もしかしたら過去のあなたの価値観や常識では「セコい」とか「卑怯」に感じられたり、「あんまり格好よくないなぁ」「想像していたよりぜんぜん自由じゃない」「結構面倒くさいじゃん」などと思われたかもしれません。

でも、あなたは今までに本書のビジネスモデル以上に「簡単に」、「堅実に」、「自由に」、「やりがい」を感じながら高収入を得られる例を聞いたことがありますか？

多くのビジネス成功者に出会ってきた私ですが、今までに先の条件すべてに当てはまるモデルには出会ったことがありません。だからこそ自信を持って本を執筆し、皆さんにオススメしているわけです。

コラム

セミナーのドライテスト

私は自分の弟子に「セミナー商品のドライテスト」を推奨しています。ドライテストについて説明するために、まずは前提知識からお話しします。

セミナー商品は、成約率の関係から**開催日の45日前に募集告知を行なうべきである**、というセオリーがあります。これは、1回のセミナーで数千万円～億単位の売上（セミナー会場内でのバックエンド含む）を作るセミナービジネスのプロから習ったもので、

・1カ月以内の場合、すでにその日に予定が入っている人が多いので、セミナー申込み募集の告知は、1カ月以上の猶予を持った方が良い。

←

・かといって、2カ月も3カ月も前から告知をすると、「もう少し日程が近づいてきて、スケジュールがはっきりしてから申し込めばいいか」と考えさせてしまい、申込みが保留される（そして、そのまま忘れられてしまう）。

←

以上の理由により、セミナー商品を販売する際は、開催日の1か月半（45日）前から募集告知を行なうべきである、というものです。

そして、このセオリーを逆手にとって、**「45日前の募集段階でセミナー内容が完成していなくても（あるいは会場すら押さえていなくても）、申込み募集の告知を行なうこと」**がドライテストです。

セミナーの参加申込みは、募集初日と最終締め切り日に集中する傾向にあり、初日のセミナー予約数が判明すると、おおよその募集期間全体の申込み者数が予測できます。

つまり、ドライテストとは、まだ完成していないセミナーを空売りすることによって、

・初日の申込みが少なければ、申込者には代金を返金してセミナーを中止する
・初日の申込みが多ければ、そのとき初めてセミナー準備を開始し、会場を予約する

という手法です。

数百人単位とか数千人単位のセミナーの場合、45日前では予約が取れない可能性がありますが、せいぜい数十人単位のセミナー会場であれば、大抵どこかしら空いているものです。

ですから、会場は開催が決まってから探して予約すればよく、募集告知の際には○○会場と指定するのではなく、大まかに「○○区近辺（会場詳細は参加者のみにお知らせします）」などとします。

とはいえ、あまり頻繁に「セミナー募集　↓　中止　↓　返金」といったことを繰り返していると、さすがに信用を失うことに繋がります。

ですから、本当に際どいドライテストは「最後の手段」とし、ある程度セミナー内容が固まってから「このセミナーは一定数以上の参加表明があって始めて実施となるものです」と、テストであることを事前に伝えた上で募集をかけるようにします。

ただ、このように、セミナーというものがドライテストという「奥の手」まで使えてしまうものであるということを覚えておいて損はないでしょう。

第6章

実例！

本木式メンタービジネスで“おカネ”と“地位”と“幸せ”を手に入れた方々

1 本木練の教え子たち

最初に、全くの素人から私に弟子入りして成功した方々をご紹介します。大小ありますが、成功した教え子は数多くいます。本書では、まだメンタービジネスがよくわからない、といった読者の方のために「わかりやすいパターンで成功した」4名の成功者をご紹介していきます。

相談に来た当初は不安そうだった彼らも、今ではすっかり一人前のメンターとなり、多くの弟子を抱えています。

もちろん、年収や業界での知名度も右肩上がりなことは言うまでもありません。

教え子1人目　グループコンサルで1日30万円儲けたA君（サラリーマン）

Aさんは33才の会社員で、「コミュニケーション能力開発系」の教材販売から始めました。単価5000円の教材購入者（100リスト）に3万円のバックエンド商品（グループコンサル）を販売したところ、10人から申込みがあり1日で30万円を稼ぎました。

その他にセミナーを2回実施済みで、この2つのセミナーの動画を商材化すると、アフィリエイターへの報酬単価を高額に設定したリスト集め用のインフォトップ商品登録数が3商品となります。

リストが着実に、自動的に集まる仕組みが構築されつつあるので、後は集まってくるリストに対してステップメールを組んだり、メルマガのアンケート等でコミュニケーションを取っていけば収益が安定してくるはずです。さらに新しいコンサル商品や価格帯別の商品ラインナップをあと1〜2個（都合4〜5商品）追加すれば、半不労所得の月収が（副業だけで）50万円を超えるのも時間の問題でしょう。

コンテンツビジネス（情報商材）、セミナー、コンサルの3つをバランスよく行なうと収入が安定する好例です。

教え子2人目　一回のセミナーで10万円を売り上げたB君（塗装工）

現在36才で塗装工のBさんは、まずは3000円の少額有料セミナーを開催しました。このセミナー集客をバックエンドとするフロントエンドにYouTubeでのインタビュー・対談音声動画を作成し、彼のメンターである著者のメルマガ上にてYouTube動画へのリンクを公開。その1カ月半後（45日後）に開催日を設定した3000円セミナーへの

第6章

売り込みを行ないました。

結果、定員10名（3時間1万2000円）の会場に12名の参加者を集めました。この時点で3万6000円の売上、約2万4000円ほどの利益が出ました。

そして、そのセミナー終了後の懇親会にてBさんの「コミュニケーション開発系コンサル」（2時間で1万円）を募集したところ、なんと懇親会に参加した10名中7名から申し込みがあり、バックエンドとして7万円の売り上げが立ちました（売上合計10万6000円）。

対面コンサルは喫茶店などの場所を使えば経費は自分が飲むお茶代だけ、という非常に利益率の高い商品です。お茶代を1杯500円のコーヒーで済ませたBさんは、バックエンド利益額としても6万6500円の収入を1回のセミナーから得たことになります。

セミナー自体の利益が2万4000円ほどありましたので、合計すると9万500円ほどの手取り収入です。また、セミナーはビデオ撮影を行ないましたので、編集が終わり次第セミナー動画教材の形でコンテンツ（情報商材）化していきます。

Bさんは人柄に華があるタイプなので、セミナー会場や懇親会場でバックエンドが売れやすいのだと思います。

今のところセミナーが1種類しかなく、コンテンツ（情報教材）を増やせないため収入の安定感に欠けますが、ばんばん人前に出て興行師のようにセミナーを多数行なった方が、本人的にもストレスが少なく、楽しく稼げるかもしれません。

教え子3人目　タロット占いで時給1万円稼いだC子さん（フリーター）

27才で派遣社員の仕事を続ける傍らで、趣味のスピリチュアルカウンセラーを副業で行なっていたC子さん（女性）。彼女のセッション料（スピリチュアルカウンセリングの料金）は、当初3時間2500円でした。時間給に直すと約830円です。

もともと趣味でやっていたことなので苦にはなりませんでしたが、せめて派遣の仕事でもらっている時給と同じくらいは欲しいという気持ちがあったそうです。また、権威性の問題からも、あまり安い料金設定では自分のブランディングがいつまでも向上せず、結果としてお客さんに価値を提供することができないのではないか、と思っていました。

そこで、私のアドバイスによって、まずはスピリチュアルに関する無料レポートを作成し、そこで集まったリストへ定期的にメルマガで情報配信することから始めました。

メルマガの発行部数（無料レポートを通じて集まったリスト）が200人を超えたあたりから、C子さんへのスピリチュアルカウンセリングへの問合せが来るようになり、それに合わせるような形で2時間5000円で募集を開始しました。すると、さっそく申込みがありました。

それまでは3時間2500円でしたから倍以上の料金設定です。セッション前はC子さんもやや緊張したそうですが「その料金でも私を頼ってくれるなら」と、一生懸命にセッションを行ないました。

その甲斐あってか、セッション終了後には販売価格2万円（利益1万5000円）のお守りグッズ系の商品が売れ、実質的に2時間で2万円の収入となりました。時給にすると1万円になったので、「水商売でもこんなに稼げないわ」と喜んでいました。

教え子4人目　コーチからメンターになり副業で月100万円稼いだE男さん（自営業）

E男さんは50才の元会社員で、以前に取得したNLPの資格を元に副業でコーチングを行なっていました。しかし、集客に関するノウハウを一切知らなかったので、もともとの知人の紹介などで集客を行なっていました。

以前の会社で人事を担当していたことから顔が広く、紹介や口コミでクライアントが多くなってきたのですが、本業（自営業）を辞める気持ちはありませんでした。本来であればクライアントを断るか、コーチングの料金を値上げするかしなければならない状況だったのです。

クライアントを断るのは自分を頼ってきてくれたクライアントにも申し訳ないし、紹介してくれた人にも義理を欠いてしまうことになりかねない、かといって値上げをするのも以前からのクライアントに切り出しずらい……と、結局、限界まで睡眠時間を削って対応しているうちに、体調を崩して入院する事態に陥ってしまいました。

そこで、私のアドバイスにより既存のクライアントを対象に「コーチングの業務を引き受け過ぎて体を壊してしまいました。しかし、世の中にはコーチングやカウンセラーを必要としている人が沢山います。そこで、私がコーチを育てて世に送り出すことにしました。コーチングやカウンセリングで人の役に立ちながら、同時に副業としてお金を稼げるビジネスに興味のある人はいませんか？」と、先生を育てる活動＝メンタービジネスを取り入れたところ、全クライアントの約10％の人から申し込みが入りました。

こうして「コーチング」から「コーチングビジネスを教えるコンサル」にメニューを変えたところ、時間あたりの単価が30分1万円から倍の2万円になりました。かつ10回セットのコンサルコースも売れるようになり、副業にもかかわらず初月で100万円以上の現金を手にしてしまいました。

スケジュールの見通しが立ち時間とお金の余裕ができたので、本業の方も心にゆとりを持って取り組むことができ、良い仕事が出来ているそうです。

2 メンタービジネスの成功者たち(著者の友人たち)

次に、私の友人でもあり、メンター仲間でもある3名をご紹介します。

1人目は「時給1200円の医療事務派遣社員」から「年商950万円のメンター」となった舞台役者の宮崎緑さん（女性）。

2人目は「人前に出るのが嫌い」なため、セミナーはほとんどやらず、本名を出さず、顔も出さない「ライティングによるコンテンツ販売を中心に年商2000万円」を稼ぐ恋愛コンサルタントの相沢蓮也さん。

3人目は「自主製作の映画に個人で500万円」を投じて映画を撮ってしまった映画監督の高野由さん。

彼らは元々私の弟子だったという訳ではなく、偶然同じような時期に別の場所で似たようなビジネスを始めていました。それぞれ試行錯誤しながら最終的にメンターとなり「高収入」「時間や場所、人間関係に縛られない自由なライフスタイル」を実現した人達です。

タイプの異なる「メンター」を知ることで、より視野が広がると思いましたので、彼らへのインタビューを再現する形でご紹介します。

成功者1人目　「時給1200円の医療事務派遣社員」から「年商950万円のメンター」となった舞台役者の宮崎緑さん（女性）。

――今のビジネスを始めたキッカケを教えて頂けますか？

「最初にインターネットビジネス（リストマーケティング）を教えてくれた人が私より若くて、大学在学中に年収1000万いったとかいう感じの人でした。若い人がそんなに収益をあげられるのか、というところから興味を持ちました。私は役者をやっているのですが、バイトをしながら舞台に出てっていう生活は非常に大変なので、バイトをしなくて済むようになりたいと思って始めました。3年前（2012年）の夏頃です。まずは動画をYouTubeにアップするところからビジネスの仕組みを作り始めました。ただ、最初は舞台をやりながら、バイトをやりながらだったので一向に進まず、ぼちぼちやっていましたね。その翌年（2013年）の夏くらいから、ちょっと本腰を入れてやり始めて、まだステップメールを組んでいる段階で、リスト集めはぼちぼちやっているけれどメルマガは流していない、収入は全くない状態でした。その夏が終わり、11月くらいからメルマガの配信を始めました。最初の収益が発生したのが、その辺ですね。最初は自分の教材がないので、アフィリエイトをして1本売れて5000円みたいな感じでした。アフィリエイト以外にもYouTubeの広告収入が月1万円くらいになり始めました。リスト集めの仕組みとしては、YouTubeの動画の下にURLを張り付けて、『動画見て、気に入ってくれた方はメルマガ登録してね、登録してくれたら無料レポートとメルマガ読者だけが見れる動画をプレゼントします』という感じで、無料レポートのプレゼント付きメルマガに誘導していました。このリストが1年で300件くらい集まっていたのですが、メルマガを配信していなかったので、無料レポートをあげて、動画を見せてあげて終わっていた、という感じですね。2013年の夏くらいからメルマガ（ステップメール形式）を本腰入れてやり始めて、メルマガを通じたアフィリエイト報酬が徐々に増えて、今では大体年間70～80万円くらいになっています。メルマガのステップメールが終わった後、自分の教材を作って販売し始めました。CD5枚分と、PDF170ページで、1万2800円の教材です。バックエンドに5名限定1人3万円のセミナーを用意しました。この時リスト（メルマガ購読者数）が大体600件くらいになっていて、この600リストに対して教材を販売したところ、初日の購入者が8名、そのうち3名がさらに上位のバックエンド商品を成約しました。データはこの日のものしか残っていないので、その後の詳細は不明ですが、現在までに定価で販売した分が大体120本くらい、あと半額キャンペーンで販売した時にも120本くらい売れているので、現在までにトータルで240本くらい売れています。そのうちの半数くらいがアフィリエイターさんを通しての販売です。メンターとしては、過去に10万円でビジネスを教えるコンサルを3人だけ引き受けました。私は基本的にビジネスを教える活動の募集はしていなくて、向こうから（ビジネスを）教えて下さいと言ってくる人がいて、気が向いたら教えるようにしています」

――ちなみにバイトは何をやっていましたか？　また、そのバイトを辞める決断をした時はどんな感じでしたか？

「医療事務のバイトをしていました。時給1200円で週3回やって、月に12万円くらいですね。自分の教材を販売して10万円以上の利益が出たらバイトを辞めようと最初から思っていて、実際にそれ以上の利益が得られたので、あぁ、リストマーケティングって本当にお金を稼げるんだ！　と実感してバイトを辞めました。辞めたらそれだけ使える時間が増えるので、また新しい教材を作り始めました」

――メルマガはどれくらいの頻度で配信されてますか？

「ステップメールで最初の15日間は毎日で、その先が1週間に1本、トータル50～60部くらいが全部ステップになっています。それ以外は気が向いたときに配信する感じで、2～3ヶ月に1回くらい、本当に気が向いたときだけ配信しています」

――2014年に950万円ほど収益を上げられたわけですが、大まかな流れとしてはステップメールでそこに教材2本、そのバックエンド商品を2つ販売されていると。最初に70～80通くらいのステップメール記事を書いたのですか？

「最初のステップメールは12通くらいでした。12通から始めて徐々に増やしていきました。書き方としては、最初に私にインターネットビジネスを教えてくれた人のメルマガを購読して、その内容の流れをコピーしました」

――実際にビジネスを始めた時は、どんな感じでしたか？

「面倒臭い！　でしたね（笑）。メルマガとかの仕組み作りが本当に面倒で大変だな～とは思ったんですけど、ここを乗り越えれば、おそらく収益があがるんだろうって、なぜか信じられたのでやってましたね。やっぱり途中で本当にもうやめようかなって思った時があったんですけど、でもそう思った2か月後に収益があがったんですよ。だからやめなくて本当に良かったと思っています。初めて自分の教材が売れた時は、もう、ゾワッて感じです。鳥肌みたいな感じですよね。きた、やった～ってバタバタしてました（笑）。続ける事が大事ってのは本当こういうことなんだと思います」

――自分の教材を結構すぐに作れてる印象なんですけれど、何か特別なことをされましたか？

「教材も自分で作った方が収益上がるよな～と思いながらも、作るの凄い大変そうだし、う～ん……みたいな感じで最初は燻ってました。そんな私の状況を知ったある人が、ビジネス系のコンサルをやっている人だったんですけど、その人に僕のところでやんなよって言われて入会しました。そこで直接指導してもらって技術的な事を習いつつ、見張り役の人が出来たおかげで教材も割とすぐに作れました」

――教材を作って売れてみて、そこで初めてバックエンドとかも作ったと思うんですけど、そこまでやってみてどんな感想を持ちましたか？

「リストって凄い！　と思いました（笑）。リストを構築するのが大事だよって言われてても分からないんですよね。売れて初めてリストの価値に気が付くというか、リストの価値が本当に分かるというか」

――これからビジネスを始めてみよう、という人に向けてメッセージをお願いします。

「最初の私みたいに面倒くさいとか、大変だな～とか、本当にこんなんで収益あがるのかとか思う事が絶対出てくると思うんですけど、諦めない事、やめない事、続ける事が大事だと思います。私も、それこそ本気でやめようと思った事がありました。でも、その次の次の月に収益が上がった経験があるので、何があっても辞めないで下さい、と一番言いたいです。そもそもリスト取りから苦戦する人もいっぱいいると思うんですけど、もう諦めないでって。頑張ればその先に絶対いい事があるから。私は好きな事を仕事にして、好きなことだけをやって生活できるようになったので、今までの人生の中で今が一番幸せですね。好きなことしかやっていないので、すごく幸せです。ぜひ頑張って下さい！」

・宮崎緑さんブログ
『必要なのはパソコン1つ。趣味を仕事に、仕事を趣味にして自由なスタイルで生きる方法』
http://midorinpeace.blog.fc2.com/

・宮崎緑さんフェイスブック
https://facebook.com/midori.miyazaki.374

成功者2人目

「人前に出るのが嫌い」なため、セミナーはほとんどやらず、本名を出さず、顔も出さない「ライティングによるコンテンツ販売を中心に年商2000万円」を稼ぐ恋愛コンサルタントの相沢蓮也さん。

――今回は、メンターとしてやられてるお友達にお話しを伺う形なんですけれど、実績としては現在の年商が2000万円、僕らのビジネスは利益率が8~9割以上になったりもするので、年商=ほぼ年収になるわけですが、年商2000万円の内訳を簡単に教えて頂けますか?

「去年は個別コンサルが400万円くらいで、あとは情報商材(コンテンツ販売)ですね。自社販売分が1200万~1300万円くらいで、残り300~400万円くらいがJVやアフィリエイト報酬といった感じです。セミナーはほとんどやりません」

――今の仕事の良さとか、会社員の頃と比べてどんな風に変わったか教えて頂けますか？

「一番は、やった分だけ自分に返ってくるというのが良いですね。会社員って良くも悪くも自分と仕事の間に壁があるじゃないですか。結果を出しても失敗しても間に会社があるから、それをどう捉えるかですが、僕は、やって結果を出した分は全部自分に跳ね返ってきた方が嬉しいし、同じように、失敗したのも自分に直で跳ね返ってきた方がスッキリするんです、気持ちが。納得感だと思います。あとは収入ですね。会社員の頃は年収430～440万円くらいだったので、現時点で4～5倍くらいになりました。スケジュールや働く場所、人間関係を選べるようになったのも大きいですね」

――今のその安定した所に来るまでに、何か苦労した事とか、どんな風に進めてきたとかがあれば教えて下さい。

「やっぱり、リストが自動的に集まるっていうところまでは、ちょっと大変でしたね。流れとしては一番最初にメールマガジンを書きました。まずは相互紹介をお願いして。それと無料レポートですね。5ページとか10ページとかの無料レポートです。それが2010年くらいだったと思います。ひたすらそれをやって、2011年から情報商材を作って売り始めて、秋頃に出した2本目の商材が結構ヒットしたので、その辺りからちゃんと収入が得られるようになってきました」

――相沢さんの場合はPDF等の文字ベースのコンテンツが多いですが、ライティングをメインで活動する良さについて教えて頂けますか?

「顔出ししなくてすむとか、人前でしゃべらなくてすむとか。ですかね(笑)。むしろ、僕の動機はそういうところにありますからね。人前に出ないで済ませたいっていう。あと、読むのが好きな人は集まるかもしれませんね、ライティングでやると。購入者さんによって受け取り方の好みがあって、『ちゃんと読んで理解したい』っていう人と、『音声を何回も聞きたい』っていう人と、『動画で観て覚えたい』っていう人がいて、みんなそれぞれの好みっていうのがあるんですよね。ライティングメインでやっていると、読みたい人が沢山集まるかもしれないです。あと、メール相談にはよく乗っていますね。商材にだいたいメールコンサルをつけていて、自分の好きな時間に返しています。メール相談に乗っているとメルマガは書きやすいですね。メルマガなどの文章に限らないとは思うんですけど、コンテンツってどれだけ具体的な話をするかによって決まる部分があるじゃないですか。抽象的な話をすると、そこで終わってしまうので。伝えるべきことってそんなに特別なことでもないし、真実であればあるほど、すごい平凡なことだと思うんですよ。でもそれだけだとコンテンツにならないから、どれだけ具体的なエピソードを盛り込んでいけるかだと思うんです。メール相談に乗っていると具体的なエピソードが自然と集まってくるので、それに答えるっていうのがそのままメルマガになるので良いですね。ネタが尽きなくなります。書けないって人はやっぱり具体的じゃないんですよね。抽象的なことばっかり書こうとしているから、ネタがあっという間に尽きちゃうんですよね」

――マインドセット的な部分で『自分には人からお金を貰って人様に教える資格がない』みたいに考えてしまう人って、おそらく相沢さんのお弟子さんの中でも多いと思いますが、そういう時はどうしてますか?

「大学受験の塾の話とかします。塾の先生とか、そんなみんな東大、京大出身じゃないとできないとかじゃないですよね。もちろんそういう看板があったほうが、宣伝上、客を寄せやすいっていうのはあるんですけど。学生の時に、学校の先生とか塾の先生の学歴って、あんまり気にしたことないと思うんですよ。講義を受けてみて、面白いと思ったら、この先生好きとか、この先生いいとか、逆に、こいつつまんねーなとか。その判断基準の中に、あんまり学歴等の先生自身の実績って入れないと思うんですよ。だから、先生自身の実績って、お客さんにとっては、そんなに重要じゃないはず、みたいな話をします。お客さんが求めているのは、お客さんの結果なわけですから。そこで、自分はお客さんの結果をちゃんと導いてあげられるっていう自信があれば、そこで対価をいくら貰いますっていうのは、ちゃんともらってもいいものだ、と。あとやっぱり商売。商売ってわかってないんじゃないですか、と。たぶん売買も契約だと思うんですが、これ、提供しますよ、いくらですよ、ってお金をもらってその商品なりサービスを提供するだけの話じゃないですか。非常にドライな売買契約。そこに、自分なんてまだまだです、とかって、入る余地はないと思うんですよ。僕もたぶん平均的な日本人なんで、お金を取るということに最初は抵抗があったんです。だから、最初は安く設定して、だんだん慣れて値上げしていくようにしました」

――これからリストマーケティングをやってみよう、先生になったりメンターになってみよう、という人に一言お願いします。

「僕は市場選びが凄く重要だと思っています。恋愛の世界って需要がある割によく分からないし、人に相談しにくいかったり、人に隠しておきたい分野なので、僕はここを選びました。まず需要があるのか、お金を払ってまで知りたいほどの需要なのかっていう、その壁をまずクリアできないと、その後が難しいんじゃないかと思います。そしてリストが構築できると、あんまりお金を気にしないで済むというか、そんなにガツガツ稼ごうとも思わないですね。必要になったら作ればいいや、っていう感じなので。稼げる稼げないに関係なく好き勝手できるっていうのは、リストがあるっていうのが大きいです。極端な話、明日100万円を作ろうと思えば作れてしまうので安心感はありますよね。平たく言うと、リスト＝打ち出の小槌だと思います。あるんですよね、打ち出の小槌が」

——今後は、ライティング講座などもやる予定ですか？

「やると思います。今ちょっとずつ書き溜めています」

・相沢蓮也さんブログ
『初デートで何を話せばよいか分らない、という状況を克服する方法』
http://renzitsurenya.blog122.fc2.com/

成功者3人目

「自主製作の映画に個人で500万円」を投じて映画を撮ってしまった映画監督の高野由さん。

――今の仕事のスタイルはどんな感じですか？

「今、何もしてないです（笑）。去年（2014年）11月から映画を撮ってて、そろそろ出来上がるんですけど、その間ビジネスの方はやってなくて。そろそろ（映画撮影が）一段落というか完成する予定なんで働こうかなって感じです」

――ちなみに映画の予算ってどれくらいかかるんですか？

「今回は500万円くらいです。普通に、業者というか制作会社が映画作るときに1000万円でもちょっとした大作扱いらしくて、ペイする見込みの無い映画に個人で500万円出してるって、頭おかしいレベルです（笑）」

――映画を撮るのに500万円を出せるのが素晴らしいですよね（笑）。そのお金を生活費も含めてメンタービジネスで作られた訳ですが、高野さんがビジネスを始めたのはいつ頃ですか？　そして、その後どんな感じで進めていったのか教えて頂けますか？

「始めたのは2011年の夏ごろです。当時、フリーで作家（TV番組制作の構成作家）をやっていたので、それと兼業のような形で始めました。まずブログを作ってSEOをかけて上位表示させ、そのブログからステップメールのメルマガに誘導してリストを構築しました。そのステップメールでアフィリエイトの教材が売れてアフィリ報酬が入る、という仕組みです。この仕組みが出来たのが、だいたい始めて半年後くらいだったと思います。その後、メルマガを通じて僕のお金の稼ぎ方をセミナーや個別コンサルで教えて、レンさんの言う所のメンタービジネスをやっている今に至ります。これまでに大体述べで３００人～４００人くらいにビジネスを教えてきました。クライアントの実績としては専門でやってる起業家さんで月収１０００万円、副業でやられている方で月収１００万円、あとは主婦のプチ感覚でやられている方で月収30万円くらいと幅がありますが、各自の目的に応じた稼ぎ方を実現してもらっています。僕がメルマガとかでしょっちゅう言っているのは、ポリシーとして、やりたいことを、仕事も遊びも、やりたいときに、やりたいようにやれるようになりましょう、そして、それを実現するために逆算でやりましょう、ということです。クライアントの中にはシンガポールだったかマレーシアだったか忘れましたが、海外移住の夢を叶えた人もいます。僕自身も自由にバイクであちこち旅行をして回ったり、映画を撮ったりできるライフスタイルを確立しています」

――リストを構築している途中で、結構頑張ってるのに、まだ収入にならない、ってい

う時期があったと思います。自分のリストができて、売れるようになると『リスト＝資産』ということが実感として理解できるのですが、それまでの期間続けられない人が結構いると思います。その点についてはどうですか？

「これ、実際に僕のクライアントにも言ってますけど、初動こそ120％出しましょう。最初の成果が出るまでの期間が一番だるいし辛いから、その期間をいかに短くするかが勝負です。9割の人がほとんどそこで脱落するので、とにかく、持てる時間からお金から全部、もう一点集中でかけて、一気にとにかく最初の報酬までやれと言ってますね。それ以外ないいんじゃないですかね？　結果が出ない状態でいかに気分転換とかモチベーションを高める方法をやっても意味ないし、そこで全力出せない人はその後も一生全力を出せないから、もう、やめた方がいいです、って言ってます。そして、リストは、これはもう本当に資産です。リストを増やすことにあらゆる個人起業家から大手の会社からいかに労力をかけるかをみれば、いかにリストの価値が高いかわかると思います。ただ、多分どんなに口で説明しても本当に実感としてはリストからお金が入ってこない限りわからないと思うので、それまで自分を騙す材料としては、周りの人がこんだけやってるんだから価値ないわけないだろうっていう、理屈で思い込むようにするしかないと思います。逆にダメなパターンは、依存心が強い人。あと、ありがとうを言えない人です。ありがちなのは、稼げなかったら人のせい、稼げたら自分のおかげ、っていう考え方なんですけど、そうじゃなくて、稼げないのは自分のせいで、稼げたのは教えてくれた人のおかげ、っていう考え方ができない人は伸びないですね。なので僕はさっきお礼を言わない人はダメって言いましたけど、そういう人はどんどん僕のリストから排除しています。少しでもそういう変な行動とった人とか、送ってきたメールが気に入らなかったら全部リストから切っています。これからのリストマーケティングは『いかに良質なリストだけを残すか』、そして『殿様商売しかやらない』というスタンスが大切です。そういう意味でもメンターっていう言葉はアリだと思います」

――今後の目標とか、ビジョンとかありますか？

「僕自身は窮屈な暮らしができない人間なので、まぁ、フリーに生きてるんですけど……同じようなことに悩みを持っている人が割といることがわかったので、1人でも多くの人を僕と同じく気ままに暮らせるように引き上げてあげたいですね。ちなみに、僕はサラリーマン自体を否定していません。なぜかというと、サラリーマンでいることによって、サラリーマンだからこそ出来るでかいプロジェクトがあるからです。例えばいくら収入があっても、個人起業家ではテレビ番組とか作れないわけです。テレビ番組作るにはテレビ局だし、いろんな人が集まんないと作れないわけだから。だったら、そのテレビ局の社員としてサラリーマンしてた方がいいよね、と。発光ダイオードの人だって偉そうに言ってるけど、社員じゃなかったらできなかったわけであって。だから、自分が何をどうやりたいか、サラリーマンでやりたい仕事ができてるんならいいと思います。ただ、もし今の現状に満足していないんだったら、自分で商売を決めるっていう選択肢もありますよね」

・高野由さんブログ
『ノマド社長塾』
http://okumanchouja.com/

あとがき

私が個人でコンサルの仕事を始めた時、最初は不安しかありませんでした。しかし、実際にやってみると、お客さんであるコンサル生やクライアントから大変感謝されることが多く、とても驚きました。そして、同時に、それまで生きてきた中ではあまり感じたことのない充足感が得られました。

「自分の存在が必要とされている」「自分という存在が人の役に立っている」という、強い実感。とても誇らしい気分になり、今まで以上に、もっと自分のことが好きになれる・・・そんな感覚です。

一番嬉しいのは、コンサル生や弟子たちから「本木さんと出会ったお陰で人生が変わりました！」と言われる時です。

確かに、私と出会ったことが何かのキッカケにはなっていると思います。でも、最終的に人生を変えたのは、その人自身です。

前向きに人生を変えようと努力して成果を出し、見事に人生を変えていく過程。その現場、その瞬間に、私は数多く立ち会ってきました。

立場上、先生とか師匠と呼ばれて感謝されたり、尊敬されることもありますが、私の方こそ「自らの力で人生を変えた瞬間」を見せてもらって感謝していますし、そんな彼らを心の底から尊敬しています。

もちろん、ビジネスである以上、高収入という金銭面での魅力もあります。

ただ、もし単純に「儲かりさえすれば何でも良い」ということであれば、もっと他に稼げる仕事やビジネスがあるかもしれません。

それでも、私は「メンタービジネスが最高に素晴らしい」と確信しています。

なぜなら、この仕事は自分に近い価値観の人が集まりやすいので、とにかく楽しめるし、ストレスが極めて少ないからです。

おそらく、多くの人が「お金を稼ぐこと＝ストレスを我慢すること」だと考えているのではないでしょうか。実際、メンタービジネスを始める以前の私もそうでした。

ところが、そんな「ストレスを我慢すること」とは全く関係なく、尊敬されながら、愛されながら、素晴らしい仲間たちに囲まれながら、自由に、稼げる仕事があったのです。

収入が増えてくると、「そんなに稼いでるんだったら、無料で教えてくれても良いじゃないか」という人も出てくるのですが、私はそういう人を相手にしません。

なぜなら、お金という対価を払って私のところへ学びに来ている他の生徒や弟子たちに申し訳ないですし、何より、「タダで教えろ」という人には「自らの力で人生を変える」という決断や覚悟がないからです。

最終的に人生を変えるのはその人自身なので、本人に変わる気が無い以上、私にはどうすることもできません。結局、お互いに時間の無駄になるだけです。

お金＝汚い、金持ち＝悪い奴。こんな風に心のどこかで考えている人も多いと思います。かくいう私も、以前は自分の中にある妬みの感情を正当化するために、そう信じたがっていたフシがあります。というか、今でも、自分よりも年収の高い人に出会うと「どうせ裏で何か悪いことでもしてるんじゃないの・・・」なんて言ってしまいそうになります。

でも、私は、メンタービジネスを通じて、お金を払うことで自分の覚悟や真剣さを示すこと、そして、そのお金を受け取ることで人生を変えるためのお手伝いを真剣になってやるという、お金が介在することの清々しさを経験しました。

たかが年収１０００万円くらいで偉そうに・・・と思われるかもしれませんが、こうした「お金に対する考え方」が変わったことも、私にとって大きな学びでした。

私は今まで「人生が変わった！」という喜びの声をたくさん頂くことができ、それを私の喜びとしています。そして、これからも、もっと多くの人に人生が変わるキッカケを与えたいと思い、本書を書きました。

メンター、講師、先生ビジネスは、本当に素晴らしい仕事です。

私もゼロからのスタートでしたし、ゼロからでも始められるように本書を書いたつもりです。

できそうなところからで構いません。全てが理解できていなくても構いません。

ぜひ、最初の一歩を踏み出してみてください。

あなたの理想の人生・ライフスタイルの実現に、本書が少しでも役立てれば幸いです。

最後に、本書の出版に際して、ベストセラー作家の高橋フミアキ先生、川島塾・塾長の川島和正先生（&スタッフのあゆみどん及び5期生の仲間たち）、(有) インプループの小山睦夫さんに御礼申し上げます。皆様のお陰で、本書の企画が出版社に採用されました。

ありがとうございます。ごま書房新社の編集部、制作部、営業部の皆さんにも大変お世話になり感謝しております。

また、私のメンター仲間である舞台女優の宮崎緑さん、恋愛コンサルタントの相沢蓮也さん、映画監督の高野由さん。インタビュー掲載に快く応じて下さりありがとうございました。

もちろん、私のお弟子さん、コンサル生さん、メルマガ読者さんたちにも、感謝しきれないほど感謝しています。これからも一緒に人生を楽しんでいきましょう！

最後の最後に、私の息子にメッセージを。きみの笑顔のお陰で、パパは一冊の本を書くことができました。ありがとう。

2015年10月　鮮やかな紅葉の季節

本木　練

著者略歴

本木　練（もとき　れん）

1975年東京生まれ。中学時代からバンドに興味を持ちプロのミュージシャンを目指す。しかし、母親の急死をきっかけに、夢より現実を選び一部上場企業の営業社員として就職。飛込み営業を中心に初年度からノルマ3倍の2億円の売上を作り表彰される。

その後、父親の経営する会社に転職し営業・経理担当として働くも、36才の時に会社が倒産。会社に依存する生き方に疑問を感じ、インターネットビジネスの世界で独立起業する。営業経験をもとにした情報商材とそのコンサルティングで、月収523万円を含め、年間で1500万円以上の売り上げを達成。現在は、「士業」「講師業」「コンサル」「カウンセラー」へのコンサルティングや育成を中心にメンタービジネスを展開。その成功者と教え子は述べ1000人を超えている。

・本木練　公式ホームページ
http://motokiren.jp/

「メンター、講師、先生」になって
180日で1000万円稼ぐ方法

著　者	本木 練
発行者	池田 雅行
発行所	株式会社 ごま書房新社 〒101-0031 東京都千代田区東神田1-5-5 マルキビル7F TEL 03-3865-8641（代） FAX 03-3865-8643
書籍コーディネイト	小山 睦男（インプルーブ）
カバーデザイン	堀川 もと恵（@magimo創作所）
印刷・製本	精文堂印刷株式会社

© Ren Motoki, 2015, Printed in Japan
ISBN978-4-341-08631-2 C0034

役立つ実用書が満載
ごま書房新社のホームページ
http://www.gomashobo.com
※または、「ごま書房新社」で検索

ごま書房新社の本

〜稼ぎの極意を10人の革命児から盗め〜

YouTube革命者 “異次元”の稼ぎ方

YouTube戦略コンサルタント
菅谷 信一 著

【もうYouTubeで動画を上げているだけでは稼げない。】
アニメ関連会社、不動産会社、料理教室、板金業、整体院、社労士、催眠術師・・・豊富な業界を網羅！とどまることを知らない、菅谷式YouTube動画戦略。その成功事例より、成功要因、応用法、さらなる増益のポイントを読者向けにわかりやすく解説。
まず成功者の技を模倣し、次に自分なりにアレンジすることにより、短期間で無駄のないオリジナル成功モデルが確立する。

本体 1550円＋税　四六判　212項　ISBN978-4-341-08623-7　C0034

ごま書房新社の本

〜お金、仕事、家庭を失った私が300日ですべてを取り戻した秘密。〜

YouTubeの女王
“ミラクル”人生リメイク術

監修／菅谷 信一　　著者／松本 通子

【YouTube戦略素人から、女性起業家日本一の再生回数65万回のユーチューバーへ！】
25歳で借金3000万円。2人の子を残して、自殺未遂、最愛の人との離婚。無一文からたった300日で失ったお金・家庭・仕事（エステサロン経営）を取り戻したリアルなYouTube戦略ストーリー。TVなどメディアで話題沸騰の人生逆転のドラマとそのゼロからの「YouTube×ビジネス」手法を初公開！

本体 1450円＋税　四六判　208項　ISBN978-4-341-08591-9　C0034

ごま書房新社の本

マンガと動画ですぐにわかる！

最新版
マンガでわかる 片手間副業で「月5万円」稼ぐ方法

青木 茂伸　著

大好評の本に"最新情報"を加えてパワーアップ！

スマホゲームと「いいね!」で毎日1500円ランチ作戦!

【忙しいサラリーマンでも成功者続出!】
「初めて駅前のホテルでランチした!」「家族飯がガ○トからロ○ホに格上げになった!」
「結婚できたwwwちょっと豪華なデートのおかげwww」

試行錯誤を重ね、ネットビジネスで生計を立てる著者が選んだ"稼げる10の方法"
初心者の失敗を考慮し、多くの選択肢、失敗からのリカバリー、長く続けるモチベーションの保ち方まで細かく指導。あなたも明日から豪華なランチを食べ、豊かな将来を想像しよう!

本体 1400円＋税　A5判　232頁　ISBN978-4-341-13228-6　C0034